SEOULTECH
한국어

2B

서울과학기술대학교

한국어는 미래를 선도하는 언어입니다.

한국어는 이미 국제적 언어입니다. 한류라 부르는 한국문화의 세계화 현상으로 한국어를 배우고자 하는 외국 사람들의 숫자가 날로 늘어가는 게 현실입니다. 몇 년 전 루마니아의 한 대학을 방문을 했을 때, 낯선 동유럽 국가에서도 한류에 대한 관심으로 한국어를 배우고자 하는 학생들은 많았지만, 한국어 교사도 부족하고 대학에 한국어 학과가 개설되기 시작한 시점이라 한국어에 대한 관심이 높았음을 보고 한국어는 이미 국제적인 언어가 되었다는 걸 알았습니다.

서울과학기술대학교는 지금까지 공학중심의 교육기관에서 글로벌한 대학으로의 위상을 높이고자 AI학과 등 첨단학과를 신설하는 동시에 다른 국가의 대학들과 활발한 국제교류를 통해서 발전하고 있습니다. 현재 한국어 프로그램을 운영하면서 한국어 교육을 통한 유학생 유치에 기여하고 있습니다. 하지만 새로운 도약을 위해서 새로운 한국어 교육 프로그램 개발 및 코로나 상황이후 비대면 교육에 대한 요구가 증대할 것으로 예상됩니다. 온라인 교육 프로그램을 운영하기 위해 대학 기관 한국어 교재가 필요하다고 판단해서 준비를 해왔습니다.

현재 수많은 대학기관의 한국어 교재가 나와 있지만, 국립국제교육원이 관리하고 있는 토픽(TOPIK) 시험이 말하기 분야도 추가할 계획이라서 새로운 패러다임이 한국어 교육에서도 반영되어야 하기 때문에 여기에 발맞춰 새로운 내용의 교재를 개발하였습니다. 수많은 교재들이 말하기 중심의 교육을 강조하고 있지만, 본 교재는 정확한 의사소통에 방점을 두고 만들어졌습니다. 또한 주제 중심의 대화문을 통해서 한국 문화에 대한 이해를 높이는 동시에 문법과 회화능력 향상에 목표를 둔 구성을 하였습니다. 이 교재를 바탕으로 예습 및 복습을 온라인으로 진행하는 플립러닝(Flipped Learning) 방식을 도입하여 모바일 교육의 혁신 방안을 추구하고자 합니다.

한국어가 국제적 언어가 되어가고 있고, 많은 나라에서 고등교육 기관에서도 한국어 강좌를 늘어나고 있는 실정입니다. 이러한 한국문화에 대한 관심과 한국어 교육에 대한 열망을 생각하면 본 교재가 도움이 될 것이라 확신하며, 그동안 교재 편찬에 수고해 주신 교수님들께 감사드립니다.

한국어는 미래를 선도하는 국제적인 언어가 될 것입니다. 한국어를 사랑하는 모든 사람에게 이 교재를 추천합니다.

서울과학기술대학교 국제교류처

처장 이 채 원

✖ 「SEOUL TECH 한국어」 2A는 1과~8과, 2B는 9과~16과로 구성되어 있습니다.

✖ 각 과는 한 가지 주제를 중심으로 '어휘', '문법과 표현 1, 2', '말하기1', '문법과 표현3, 4', '말하기2', '듣고 말하기', '읽고 쓰기', '발음 혹은 문화'로 구성되어 있으며, 홀수 과에서는 '발음', 짝수 과에서는 '문화'를 다루고 있습니다.

✖ 한 과는 8~10시간용으로 구성되어 있습니다.

도입 : 학습 목표, 그림 제시, 본문 대화로 구성되어 있습니다.

그림 제시: 본문 대화의 상황을 나타내는 그림을 통해 주제에 대한 학습자의 관심과 본문 대화 내용에 대한 이해를 높이도록 하였습니다.

학습 목표: 해당 과의 학습 목표와 내용을 영역별로 제시하였습니다.

본문 대화: 해당 과에 대한 도입으로 주제와 관련된 핵심 표현을 사용하여 대화를 제시하였습니다. 내용 이해에 대한 질문을 실었고 본문 대화는 QR코드를 찍어 필요할 때마다 간편하게 확인할 수 있도록 하였습니다.

어휘

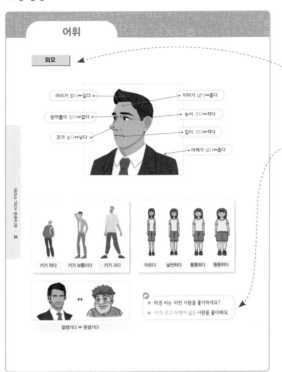

어휘와 예시 대화로 구성되어 있습니다.

- **어휘:** 주제와 관련된 어휘를 선정하여 의미에 따라 범주화하고 그림이나 사진을 통해 이해하기 쉽게 제시하였습니다.

- **예시 대화:** 필요한 경우에는 예시 대화를 주어 연습할 수 있도록 하였습니다.

문법과 표현

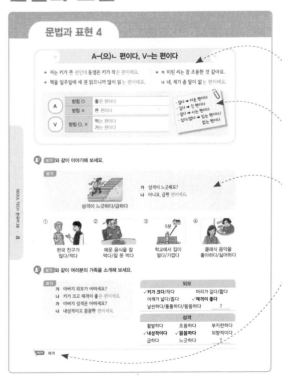

예문과 형태, 연습으로 구성되어 있습니다.

- **예문과 형태:** 문법이 사용되는 전형적이고 대표적인 예문과 결합 형태를 제시하였습니다.

- **참고 사항:** 참고 사항이나 불규칙 활용에 대해서는 따로 제시하였습니다.

- **연습:** 목표 문법 사용 능력을 높이기 위해 단계별로 말하기 활동을 구성하여 유의미한 연습 기회를 제공하였습니다.

- **새 단어:** 새로 제시된 단어를 하단에 제시하였습니다.

말하기

대화문, 교체 연습, 말하기로 구성되어 있습니다.

● **애니메이션:** 대화 상황을 시각적으로 구현하여 내용 이해에 도움을 주었으며, QR코드로 제시하여 손쉽게 확인할 수 있도록 하였습니다.

● **대화문:** 의사소통능력을 향상시키기 위해 주제 어휘와 학습한 문법을 사용하여 대화문을 제시하였습니다.

● **교체 연습:** 주제와 관련된 어휘와 문법을 반복 학습할 수 있도록 색깔을 지정하여 익히게 하였습니다.

● **말하기:** 대화문과 관련된 주제 및 기능에 대하여 학습자가 담화를 구성해 봄으로써 말하기 활동을 강화시켰습니다.

듣고 말하기

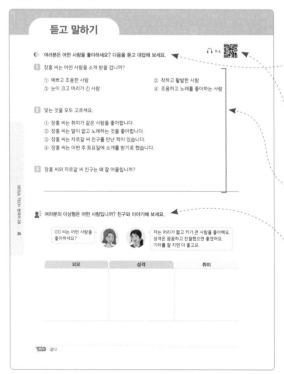

도입, 듣기, 말하기로 구성되어 있습니다.

● **도입:** 듣기 전 주제와 관련된 질문을 제시하여 들을 내용을 추측하게 하였습니다.

● **듣기:** 주제와 관련된 대화문을 QR코드로 제시하여 손쉽게 들을 수 있도록 하였습니다.

● **내용 확인 문제:** 내용 이해에 도움을 주기 위하여 확인 문제를 제시하였습니다.

● **말하기:** 듣기 후 활동으로 학습자의 경험과 생각을 표현할 수 있도록 듣기의 주제 및 기능과 관련된 말하기 활동을 제시하였습니다.

교재 구성과 사용법

읽고 쓰기

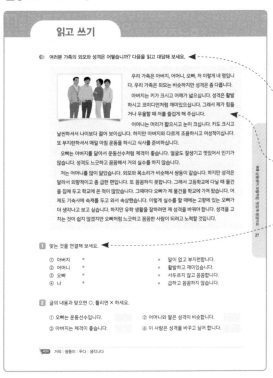

도입, 읽기, 쓰기로 구성되어 있습니다.

읽기

- **도입:** 읽기 전에 주제와 관련된 질문을 제시하여 읽을 내용을 추측하게 하였습니다.

- **읽기:** 학습자의 수준에 맞는 다양한 종류의 읽기 글을 제시하였습니다.

- **내용 확인 문제:** 확인 문제를 제시하여 글의 구조와 내용을 이해하는 데 도움을 주었습니다.

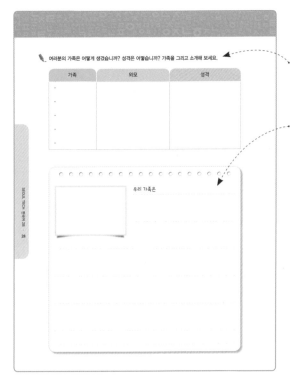

쓰기

- **도입:** 읽기 텍스트를 활용하여 쓰기 계획을 세우는 데 도움을 주도록 구성하였습니다.

- **쓰기:** 과의 주제 및 기능에 맞추어 학습한 문법과 표현을 활용하여 글을 쓰도록 하였습니다.

발음

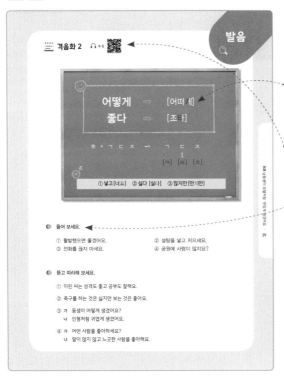

발음 규칙, 연습으로 구성되며 홀수 과에 수록되어 있습니다.

- **규칙:** 발음 규칙을 이해하기 쉽게 도식화하여 단계적으로 제시하였습니다.

- **듣기:** 대표적인 발음의 예를 제시하고 QR코드로 손쉽게 들어 볼 수 있도록 하였습니다.

- **연습:** 듣고 따라하는 연습을 통하여 문장 안에서 발음 규칙을 내재화하도록 하였습니다.

한국 문화

도입 질문, 한국 문화 설명으로 구성되며 짝수 과에 수록되어 있습니다.

- **도입 질문:** 각 과의 한국 문화와 관련된 내용을 질문으로 제시하였습니다.

- **문화 내용:** 과의 주제와 관련된 한국 문화를 학습자의 수준에 맞게 설명하였으며 이해하기 쉽도록 그림이나 사진을 제시하였습니다.

교재 구성과 사용법

부록 : 모범 답안, 듣기 지문, 문법 설명, 어휘 색인, 불규칙 동사 · 형용사 활용표로 구성되어 있습니다.

모범 답안

'듣고 말하기'와 '읽고 쓰기' 문제의 정답을 제공합니다.

듣기 지문

'듣고 말하기'의 지문을 제공합니다.

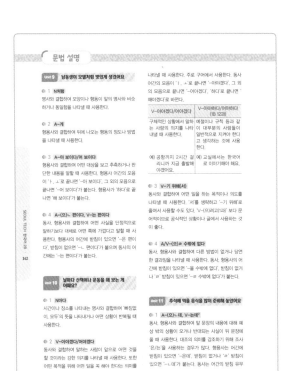

문법 설명

'문법과 표현'에서 다룬 문법의 핵심 정보를 제공합니다.

어휘 색인

교재에 수록된 어휘를 '가나다' 순으로 정리하여 해당 쪽수와 함께 제공합니다.

교재 구성과 사용법

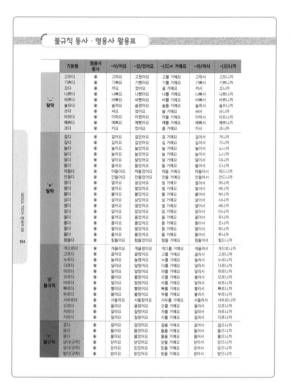

불규칙 동사 · 형용사 활용표

학습자들이 쉽게 이해하고 기억할 수 있도록 (불)규칙 동사와 형용사 활용표를 제시하였습니다.

단원	주제	어휘	문법과 표현	말하기	
9과 남동생이 모델처럼 멋있게 생겼어요	외모와 성격	외모 성격	N처럼 A-게 A-아 보이다/어 보이다 A-(으)ㄴ 편이다, V-는 편이다	외모 묘사하기 자신의 성격에 대해 말하기	
10과 날마다 산책이나 운동을 해 보는 게 어때요?	건강	병원과 증상 스트레스 관련 어휘	N마다 V-아야겠다/어야겠다 V-기 위해(서) V-(으)ㄹ 수 밖에 없다	병원에서 증상에 대해 말하기 스트레스 푸는 법에 대해 말하기	
11과 추석에 먹을 음식을 많이 준비해 놓았어요	명절	명절에 하는 일 한국의 명절	A-(으)ㄴ데, V-는데² V-(으)면서 V-(으)ㄹ V-아 놓다[두다]/어 놓다[두다]	명절에 하는 일 말하기 명절 계획 말하기	
12과 바쁘겠지만 꼭 오기를 바라요	초대	초대 특별한 날과 선물	A/V-거든요 V-겠-(의지) A/V-(으)ㄹ 것 같다 A/V-기를 바라다	초대하기 방문하기	
13과 가방을 잃어 버렸는데 찾을 수 있을까요?	분실물	분실 색 무늬 모양	'ㅎ' 불규칙 V-아 버리다/어 버리다 V-는 동안, N 동안 V-아 있다/어 있다	유실물센터에서 잃어버린 물건 찾기 전화로 잃어버린 물건 설명하기	
14과 그동안 잘 지냈어?	안부	안부 관계	A/V-아/어 N(이)야 V-게 되다 N 덕분에	친구와 안부 묻기 선배와 안부 묻고 전하기	
15과 난 이번 방학 때 아르바이트를 할래	계획	계획 직업	A-다, V-ㄴ다/는다, N(이)다 V-(으)ㄹ래요? N(이)나(수량) A-다고 하다, V-ㄴ다고 하다/는다고 하다	새해 계획에 대한 말하기 신입생에게 방학 계획에 대해 조언하기	
16과 한국어 실력이 좋아진 것 같아요	한국 생활	한국어 공부 한국 생활에 대한 느낌	A-아지다/어지다 A/V-았을 때/었을 때 A/V-기 A/V-았던/었던	한국에 온 후 달라진 것에 대해 말하기 한국에서 한 실수에 대해 말하기	

듣고 말하기	읽고 쓰기	발음/문화
좋아하는 사람에 대한 대화 듣기 자신의 이상형에 대해 말하기	가족의 외모와 성격에 대한 글 읽기 가족의 외모와 성격에 대한 글 쓰기	발음 격음화 2
건강한 생활 습관에 대한 듣기 건강을 위해 자주 먹는 음식에 대해 말하기	건강에 좋은 생활 습관에 대한 글 읽기 내가 아는 건강한 생활 습관에 대한 글 쓰기	문화 한국의 건강식품
명절에 한 일에 대한 대화 듣고 말하기	설에 대한 글 읽기 명절에 대한 글 쓰기	발음 자음동화 2
집들이 선물에 대한 대화 듣고 말하기	초대하는 이메일 읽기 초대하는 이메일 쓰기	문화 한국의 방문 예절
분실물 안내 방송 듣기 분실물을 찾는 방송하기	분실물을 찾는 글 읽기 분실물을 찾는 글 쓰기	발음 경음화 3
오랜만에 만난 친구와의 대화 듣기 동창회에서 만난 친구와 안부 묻기	친구에게 쓴 감사 편지 글 읽기 친구에게 감사 편지 쓰기	문화 한국어 인사 표현 '밥'
미래의 꿈에 대한 듣기 유명한 사람의 꿈에 대해 말하기	나의 미래에 대한 일기 글 읽기 나의 미래에 대한 일기 쓰기	발음 구개음화
한국 생활에 대한 인터뷰 듣기 한국 생활을 하면서 힘들었던 일에 대해 말하기	한 학기를 마치는 소감문 읽기 한 학기를 마치는 소감문 쓰기	문화 독특한 한국 문화

남동생이 모델처럼 멋있게 생겼어요

들어요 🎧

🎧 9-1

자르갈 하경 씨, 무슨 사진이에요?

이하경 제 가족사진이에요. 작년에 제주도에 여행 가서 찍었어요.

자르갈 참 행복해 보여요. 이분이 하경 씨 언니예요?

이하경 맞아요. 언니가 저하고 많이 닮았지요?

자르갈 네, 언니도 눈이 크고 예쁘게 생겼어요.

　　　　성격도 하경 씨처럼 활발해요?

이하경 아니요, 언니는 내성적이고 조용한 편이에요.

자르갈 하경 씨 옆에 있는 분은 누구예요?

이하경 제 남동생인데 착하고 부지런해요.

자르갈 남동생이 모델처럼 멋있게 생겼어요.

이하경 그래요? 제 동생이 들으면 기분이 좋겠어요.

. . . .

1. 이하경 씨 가족사진이 어때요?

2. 이하경 씨 언니는 어떻게 생겼어요?

3. 이하경 씨 남동생은 성격이 어때요?

어휘

외모

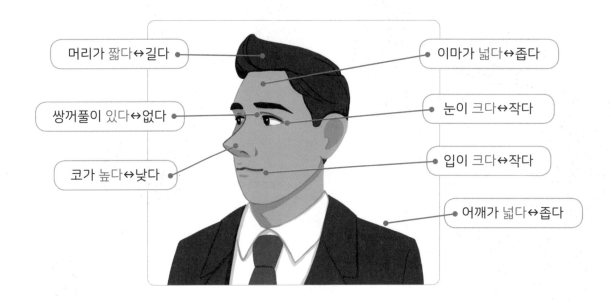

머리가 짧다↔길다

이마가 넓다↔좁다

쌍꺼풀이 있다↔없다

눈이 크다↔작다

코가 높다↔낮다

입이 크다↔작다

어깨가 넓다↔좁다

키가 작다　　키가 보통이다　　키가 크다

마르다　　날씬하다　　통통하다　　뚱뚱하다

잘생기다 ↔ 못생기다

가 하경 씨는 어떤 사람을 좋아하세요?

나 키가 크고 어깨가 넓은 사람을 좋아해요.

성격

활발하다

조용하다

내성적이다

외향적이다

급하다

느긋하다

남성적이다

여성적이다

부지런하다

게으르다

꼼꼼하다

착하다

가 미린 씨는 성격이 어때요?

나 조용하고 꼼꼼한 편이에요.

N처럼

- 제 동생은 농구 선수처럼 키가 커요.
- 봄인데 날씨가 여름처럼 덥네요.
- 저도 하경 씨처럼 성격이 활발했으면 좋겠어요.

N	받침 O, X	한국 사람처럼 영화 배우처럼

보기 와 같이 이야기해 보세요.

보기

> 가　형이 잘생겼어요?
> 나　네, 영화배우처럼 잘생겼어요.

| 영화배우 | 가수 | 호랑이 | 천사 | 어머니 |

① 자르갈 씨가 착해요?　　　　② 아버지가 무서워요?
③ 선생님께서 친절하세요?　　 ④ 폴 씨가 노래를 잘 불러요?

보기 와 같이 같이 우리 반 친구에 대해서 이야기해 보세요.

보기

> 가　줄리 씨가 어때요?
> 나　모델처럼 옷을 잘 입어요.

✓모델	영화배우	농구 선수		예쁘다	잘 생기다	키가 크다
인형	바다	아나운서		✓옷을 잘 입다	발음이 좋다	마음이 넓다
가수	요리사	?		춤을 잘 추다	요리를 잘하다	?

새단어 | 호랑이 | 천사 | 모델 | 아나운서

문법과 표현 2

A-게

- 아이가 인형처럼 귀엽게 생겼어요.
- 요즘 일이 많아서 바쁘게 지내요.
- 날씨가 추우니까 옷을 따뜻하게 입으세요.

A	받침 O, X	귀엽게 친절하게

 보기 와 같이 이야기해 보세요.

즐겁다

가 주말에 어떻게 지냈어요?
나 즐겁게 지냈어요.

① 여동생이 어떻게
생겼어요?

예쁘다

② 글씨를 어떻게
썼어요?

작다

③ 방을 어떻게
청소했어요?

깨끗하다

④ 떡볶이를 어떻게
만들었어요?

맵지 않다

 보기 와 같이 이야기해 보세요.

보기

가 머리를 어떻게 해 드릴까요?
나 조금 짧게 잘라 주세요.

✓ ① **머리를 어떻게 해 드릴까요?**
② 남자 친구가 어떻게 생겼어요?
③ 사진을 어떻게 찍어 드릴까요?
④ 무슨 음식을 맛있게 만들어요?
⑤ 행복하게 살려면 무엇이 필요해요?

말하기 1

1 [보기] 와 같이 이야기해 보세요.

[보기]

빅토르　자르갈 씨, 조금 전에 이야기한 사람이 누구예요?

자르갈　제 동아리 친구인데 한국 사람처럼 한국말을 잘해요.

빅토르　네, 두 분이 얼굴이 많이 닮은 것 같아요.

자르갈　맞아요. 그런 말 많이 들었어요.

빅토르　친구가 자르갈 씨처럼 머리가 길고 멋있게 생겼어요.

자르갈　그래요? 제 친구가 저보다 더 멋있고 예뻐요.

빅토르　성격도 비슷해요?

자르갈　아니요, 성격은 달라요. 저는 내성적인데 제 친구는 외향적이에요.

[보기]	①	②
한국 사람/한국말을 잘하다	코미디언/재미있다	가수/노래를 잘 부르다
머리가 길고 멋있다	눈에 쌍꺼풀이 없고 귀엽다	이마가 넓고 예쁘다
멋있고 예쁘다	귀엽고 착하다	예쁘고 멋있다

2 여러분도 닮은 사람이 있습니까? 그 사람이 어떻게 생겼습니까? 친구와 이야기해 보세요.

OO 씨는 누구와 닮았어요?

그 친구가 어떻게 생겼어요?

정말 루카스 씨와 많이 닮았네요.

저하고 제일 친한 친구와 닮았어요.

눈이 크고 코가 높아요.
그리고 운동선수처럼 어깨가 넓어요.

맞아요. 형제처럼 비슷하게 생겼어요.

닮은 사람	외모

새단어　닮다 | 비슷하다 | 제일 | 친하다 | 코미디언 | 형제

A-아 보이다/어 보이다

- 오늘 기분이 좋아 보여요.
- 가구가 많지 않아서 방이 넓어 보이네요.
- 많이 피곤해 보이는데 일찍 집에 가세요.

A		
ㅏ, ㅗ ○	작아 보이다
ㅏ, ㅗ ×	길어 보이다
하다	피곤해 보이다

보기 와 같이 이야기해 보세요.

보기

가 제 머리 모양이 어때요?
나 얼굴이 작아 보여요.

제 머리 모양/얼굴이 작다

①
새로 산 구두/
다리가 길다

②
이 노트북 컴퓨터/
아주 가볍다

③
조엔 씨 얼굴/
머리가 아프다

④
요즘 장홍 씨 기분/
조금 우울하다

오늘 우리 반 친구들이 어떻습니까? 보기 와 같이 이야기해 보세요.

보기

가 오늘 누가 멋있어 보여요?
나 오늘 멋있어 보이는 사람은 빅토르 씨예요.
가 왜요? 빅토르 씨에게 무슨 일이 있어요?
나 오늘 빅토르 씨가 소개팅을 해요.

✓ ① **누가 멋있어 보여요?**
② 누가 슬퍼 보여요?
③ 누가 바빠 보여요?
④ 누가 행복해 보여요?
⑤ 누가 기분이 나빠 보여요?

새단어 우울하다

문법과 표현 4

A-(으)ㄴ 편이다, V-는 편이다

- 저는 키가 큰 편인데 동생은 키가 작은 편이에요.
- 책을 일주일에 세 권 읽으니까 많이 읽는 편이에요.

- 가 미린 씨는 참 조용한 것 같아요.
- 나 네, 제가 좀 말이 없는 편이에요.

A	받침 ○	좋은 편이다
	받침 ×	큰 편이다
V	받침 ○, ×	먹는 편이다 가는 편이다

- 덥다 ➡ 더운 편이다
- 길다 ➡ 긴 편이다
- 살다 ➡ 사는 편이다
- 있다/없다 ➡ 있는 편이다/
없는 편이다

보기 와 같이 이야기해 보세요.

보기

가 성격이 느긋해요?
나 아니요, 급한 편이에요.

성격이 느긋하다/급하다

①
한국 친구가
많다/적다

②
매운 음식을 잘
먹다/잘 못 먹다

③
학교에서 집이
멀다/가깝다

④
클래식 음악을
좋아하다/싫어하다

보기 와 같이 여러분의 가족을 소개해 보세요.

보기

가 아버지 외모가 어떠세요?
나 키가 크고 체격이 좋은 편이세요.
가 아버지 성격은 어떠세요?
나 내성적이고 꼼꼼한 편이세요.

외모

✓키가 크다/작다	머리가 길다/짧다
어깨가 넓다/좁다	✓체격이 좋다
날씬하다/통통하다/뚱뚱하다	_____ ?

성격

활발하다	조용하다	부지런하다
✓내성적이다	✓꼼꼼하다	외향적이다
급하다	느긋하다	_____ ?

새단어 체격

SEOUL TECH 한국어 2B · 24

말하기 2

1 보기 와 같이 이야기해 보세요.

 9-3

보기

줄리   장홍 씨는 어떤 성격이에요?

장홍   저는 말이 없는 편이에요. 그래서 친구를 사귀는 것이 힘들어요.

줄리   그래요? 장홍 씨가 반 친구들하고 이야기를 잘해서 활발해 보였는데요.

장홍   아니에요. 그래서 친구를 쉽게 사귀는 줄리 씨가 부러워요.

줄리   저도 얼마 전까지 안 그랬어요. 동아리에 들어가고 나서 성격이 바뀌었어요.

장홍   네, 성격을 바꾸려면 줄리 씨처럼 노력이 필요한 것 같아요.

줄리   장홍 씨도 동아리에 들어가 보세요. 그러면 성격을 바꿀 수 있을거예요.

보기	①	②
말이 없다	급하다	게으르다
친구를 사귀는 것이 힘들다	실수를 많이 하다	수업에 늦은 적이 많다
반 친구들하고 이야기를 잘해서 활발하다	꼼꼼해서 느긋하다	약속을 잘 지켜서 부지런하다
친구를 쉽게 사귀다	서두르지 않고 느긋하다	항상 학교에 일찍 오고 부지런하다
동아리에 들어가다	서예를 배우다	매일 아침 운동을 하다

2 여러분은 성격이 어떻습니까? 고치고 싶은 점이 있습니까? 어떻게 하면 성격을 고칠 수 있을까요? 친구와 이야기해 보세요.

OO 씨는 어떤 성격이에요?

저는 내성적인 편이에요. 그래서 처음 만나는 사람하고 말을 잘 못 해요.

그럼 어떤 성격이었으면 좋겠어요?

활발해서 친구를 쉽게 사귀었으면 좋겠어요.

음, 여행을 많이 해 보면 어떨까요? 여행에서 만나는 사람은 쉽게 이야기할 수 있는 것 같아요.

그거 좋은 생각인 것 같아요.

지금 성격	고치고 싶은 성격	성격을 고칠 방법

듣고 말하기

● 여러분은 어떤 사람을 좋아하세요? 다음을 듣고 대답해 보세요.

1 장홍 씨는 어떤 사람을 소개 받을 겁니까?

① 예쁘고 조용한 사람   ② 착하고 활발한 사람

③ 눈이 크고 머리가 긴 사람   ④ 조용하고 노래를 좋아하는 사람

2 맞는 것을 모두 고르세요.

① 장홍 씨는 취미가 같은 사람을 좋아합니다.
② 장홍 씨는 말이 없고 노래하는 것을 좋아합니다.
③ 장홍 씨는 자르갈 씨 친구를 만난 적이 있습니다.
④ 장홍 씨는 이번 주 토요일에 소개를 받기로 했습니다.

3 장홍 씨와 자르갈 씨 친구는 왜 잘 어울립니까?

_____

● 여러분의 이상형은 어떤 사람입니까? 친구와 이야기해 보세요.

 OO 씨는 어떤 사람을 좋아하세요?

 저는 머리가 짧고 키가 큰 사람을 좋아해요. 성격은 꼼꼼하고 친절했으면 좋겠어요. 기타를 잘 치면 더 좋고요.

외모	성격	취미

새단어   같다

읽고 쓰기

여러분 가족의 외모와 성격은 어떻습니까? 다음을 읽고 대답해 보세요.

우리 가족은 아버지, 어머니, 오빠, 저 이렇게 네 명입니다. 우리 가족은 외모는 비슷하지만 성격은 좀 다릅니다.

아버지는 키가 크시고 어깨가 넓으십니다. 성격은 활발하시고 코미디언처럼 재미있으십니다. 그래서 제가 힘들거나 우울할 때 저를 즐겁게 해 주십니다.

어머니는 머리가 짧으시고 눈이 크십니다. 키도 크시고 날씬하셔서 나이보다 젊어 보이십니다. 하지만 아버지와 다르게 조용하시고 여성적이십니다. 또 부지런하셔서 매일 아침 운동을 하시고 식사를 준비하십니다.

오빠는 아버지를 닮아서 운동선수처럼 체격이 좋습니다. 얼굴도 잘생기고 멋있어서 인기가 많습니다. 성격도 느긋하고 꼼꼼해서 거의 실수를 하지 않습니다.

저는 어머니를 많이 닮았습니다. 외모와 목소리가 비슷해서 쌍둥이 같습니다. 하지만 성격은 달라서 외향적이고 좀 급한 편입니다. 또 꼼꼼하지 못합니다. 그래서 고등학교에 다닐 때 물건을 집에 두고 학교에 온 적이 많았습니다. 그때마다 오빠가 제 물건을 학교에 가져 왔습니다. 어제도 기숙사에 숙제를 두고 와서 속상했습니다. 이렇게 실수를 할 때에는 고향에 있는 오빠가 더 생각나고 보고 싶습니다. 하지만 유학 생활을 잘하려면 제 성격을 바꿔야 합니다. 성격을 고치는 것이 쉽지 않겠지만 오빠처럼 느긋하고 꼼꼼한 사람이 되려고 노력할 것입니다.

1 맞는 것을 연결해 보세요.

① 아버지 •
② 어머니 •
③ 오빠 •
④ 나 •

• 말이 없고 부지런합니다.
• 활발하고 재미있습니다.
• 서두르지 않고 꼼꼼합니다.
• 급하고 꼼꼼하지 않습니다.

2 글의 내용과 맞으면 ○, 틀리면 ✕ 하세요.

① 오빠는 운동선수입니다.　　② 어머니와 딸은 성격이 비슷합니다.

③ 아버지는 체격이 좋습니다.　　④ 이 사람은 성격을 바꾸고 싶어 합니다.

새단어 　거의 | 쌍둥이 | 두다 | 생각나다

✎ 여러분의 가족은 어떻게 생겼습니까? 성격은 어떻습니까? 가족을 그리고 소개해 보세요.

가족	외모	성격
·		
·		
·		
·		
·		

우리 가족은

격음화 2 🎧 9-5

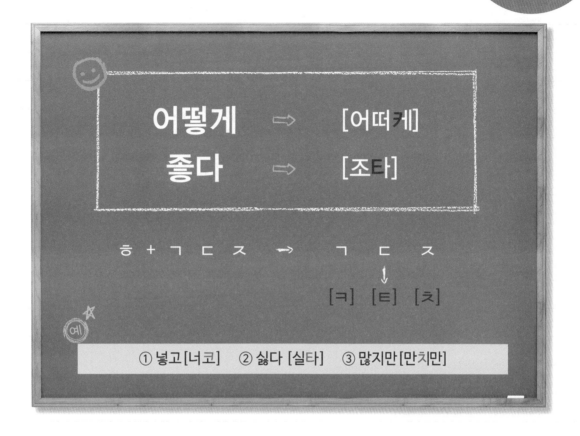

🔵 들어 보세요.

① 활발했으면 좋겠어요.
② 설탕을 넣고 저으세요.
③ 전화를 끊지 마세요.
④ 공원에 사람이 많지요?

🔵 듣고 따라해 보세요.

① 미린 씨는 성격도 좋고 공부도 잘해요.

② 축구를 하는 것은 싫지만 보는 것은 좋아요.

③ 가 동생이 어떻게 생겼어요?
　 나 인형처럼 귀엽게 생겼어요.

④ 가 어떤 사람을 좋아하세요?
　 나 말이 많지 않고 느긋한 사람을 좋아해요.

날마다 산책이나 운동을 해 보는 게 어때요?

들어요 🎧

🎧 10-1

빅토르 줄리 씨, 얼굴이 안 좋은데 무슨 일 있어요?

줄 리   다음 주에 시험도 있고 숙제도 많은데 아직 다 못했어요.

빅토르 스트레스가 많겠네요. 잠은 잘 자요?

줄 리   아니요, 요즘 밤에 잠도 잘 못 자고 머리도 자주 아파요.

빅토르 그래요? 계속 그러면 건강에 안 좋아요.

       건강을 위해서 스트레스를 적게 받으려고 해 보세요.

줄 리   하지만 이번에 장학금을 받으려면 열심히 공부할 수밖에
       없어요.

빅토르 공부하는 것도 좋지만 건강이 제일 중요해요.

       날마다 산책이나 운동을 해 보는 게 어때요?

줄 리   그럼 내일부터 헬스장에서 운동을 하고 도서관에 가야겠어요.

빅토르 좋아요. 운동하고 나서 공부하면 더 잘될 거예요.

. . . .

1. 줄리 씨는 왜 얼굴이 안 좋아 보여요?

2. 빅토르 씨는 줄리 씨가 날마다 무엇을 했으면 좋겠어요?

3. 줄리 씨는 내일부터 공부하기 전에 무엇을 할 거예요?

어휘

병원과 증상

내과

몸살이 나다
소화가 안 되다

안과

눈병에 걸리다
눈이 충혈되다

이비인후과

목이 붓다
귀에 염증이 생기다

피부과

피부가 가렵다
얼굴에 뭐가 나다

정형외과

발목을 삐다
뼈가 부러지다

치과

충치가 있다
잇몸이 붓다

약

먹는 약

감기약, 두통약, 해열제
소화제, 변비약, 멀미약

넣는 약

안약

바르는 약

연고, 소독약

붙이는 약

파스, 반창고(밴드)

스트레스 관련 어휘

스트레스를 주다　　스트레스를 받다

스트레스를 풀다

힘(기운)이 없다	입맛이 없다
살이 빠지다	잠을 못 자다

규칙적으로 운동하다　　소리를 지르다

크게 웃다　　노래를 부르다

여행을 떠나다

문법과 표현 1

N마다

- 날마다 자기 전에 일기를 써요.
- 이 기숙사는 1인실이라서 방마다 화장실이 있어요.
- 시간이 있을 때마다 가벼운 운동을 하기로 했어요.

N	받침 O, ×	날마다 나라마다

- 날마다 ➡ 매일
- 주마다 ➡ 매주
- 달마다 ➡ 매달
- 해마다 ➡ 매년

 보기 와 같이 이야기해 보세요.

보기

> 가 언제 조깅을 해요?
> 나 아침마다 조깅을 해요.

30분

방학 때

✓아침

층

수요일

6시간

✓① 언제 조깅을 해요?
③ 약을 어떻게 먹어야 해요?
⑤ 얼마나 자주 고향에 가요?

② 공항에 가는 버스는 얼마나 자주 있어요?
④ 기타 동아리는 언제 모여요?
⑥ 이 건물에는 화장실이 몇 층에 있어요?

 보기 와 같이 이야기해 보세요.

보기

> 가 얼마나 자주 영화를 봐요?
> 나 주말마다 영화를 봐요.

✓영화를 보다   부모님께 전화하다   음식을 만들다   청소를 하다   ?

문법과 표현 2

V-아야겠다/어야겠다

- 방이 너무 더워서 에어컨을 사야겠어요.
- 해외여행을 가면 사진을 많이 찍어야겠습니다.

- 가 팔에 반창고를 붙였네요. 다쳤어요?
- 나 네, 뛰어오다가 넘어졌어요.
  앞으로 조심해야겠어요.

V	ㅏ, ㅗ ○	봐야겠다
	ㅏ, ㅗ ×	먹어야겠다
	하다	공부해야겠다

- 쓰다 ➡ 써야겠다
- 돕다 ➡ 도와야겠다
- 걷다 ➡ 걸어야겠다
- 서두르다 ➡ 서둘러야겠다

보기 와 같이 이야기해 보세요.

보기

가 요즘 이 소설이 인기가 많아요.
나 그럼 저도 사서 읽어야겠어요.

먹어 보다

저도 사서 읽다

저도 빨리 예매하다

소금을 더 넣다

✓ ① **요즘 이 소설이 인기가 많아요.**
③ 국이 좀 싱거운 것 같은데요.

② 기운이 없을 때 인삼을 먹으면 좋아요.
④ 휴가철이라서 제주도에 가는 비행기표가 없네요.

친구에게 문제가 있습니다. 어떻게 말할 겁니까? **보기** 와 같이 이야기해 보세요.

보기

가 지갑을 잃어버렸어요.
나 빨리 경찰서에 신고해야겠네요.

✓**지갑을 잃어버렸다**
2급 문법이 어렵다

생활비가 부족하다
?

요즘 잠을 잘 못자다

새단어 넘어지다 | 소설 | 휴가철 | 잃어버리다 | 경찰서 | 신고하다 | 생활비

10-2

1 보기와 같이 이야기해 보세요.

보기

의 사	어서 오세요. 어디가 아프세요?
빅토르	식사하고 나서 소화가 안돼요. 그래서 소화가 안될 때마다 소화제를 먹었어요.
의 사	다른 증상은 없으세요?
빅토르	네, 없어요.
의 사	어디 봅시다. (진찰 후)
	위장병에 걸렸어요. 언제부터 증상이 있었어요?
빅토르	2일 전부터요.
의 사	약을 처방해 드릴게요. 그리고 맵거나 짠 음식은 드시지 마세요.
빅토르	네, 제가 매운 음식을 좋아하는데 안 먹어야겠네요. 감사합니다.

보기	①	②
식사하고 나서 소화가 안되다	머리가 아프고 말할 때 목이 좀 아프다	눈이 가렵고 자주 충혈되다
소화가 안될 때/ 소화제를 먹었다	머리가 아플 때/ 두통약을 먹었다	가려울 때/ 안약을 넣었다
위장병에 걸렸다	목이 좀 부었다	눈병에 걸렸다
맵거나 짠 음식은 먹다	차가운 음료수는 마시다	손으로 눈을 만지다
매운 음식을 좋아하는데 안 먹다	차가운 음료수를 많이 마셨는데 안 마시다	눈을 자주 만지는데 조심하다

2 여러분은 병원에 간 적이 있습니까? 친구와 이야기해 보세요.

저는 자고 일어났는데 눈이 충혈돼서 안과에 간 적이 있어요.

저는 수영할 때 귀에 물이 들어가서 이비인후과에 간 적이 있어요.

어디가 어떻게 아팠어요?

어느 병원에 갔어요?

의사가 뭐라고 했어요?

 새단어 진찰 | 위장병 | 처방하다

문법과 표현 3

V-기 위해(서)

- 건강하게 살기 위해서 아침마다 운동을 합니다.
- 한국 대학교에 입학하기 위해서 한국어능력시험을 봤어요.

- 가 왜 꽃을 샀어요?
  나 여자 친구를 위해 꽃을 샀어요.

V	받침 ○, ×	알기 위해(서) 배우기 위해(서)
N	받침 ○	건강을 위해(서)
	받침 ×	친구를 위해(서)

보기 와 같이 이야기해 보세요.

보기

가 왜 한국에 왔습니까?
나 한국어를 배우기 위해서 한국에 왔습니다.

한국에 왔다/한국어를 배우다

①
통장을 만들었다/
돈을 모으다

②
출입국·외국인
사무소에 갔다/
비자를 연장하다

③
경영학을 전공하려고
하다/무역 회사에
취직하다

④
열심히 공부해야
하다/행복한 미래

보기 와 같이 이야기해 보세요.

보기
가 돈을 벌기 위해 뭘 해 봤어요?
나 저는 돈을 벌기 위해 아르바이트를 해 봤어요.

✓① 돈을 벌기 위해 뭘 해 봤어요?
② 스트레스를 풀기 위해 뭘 해 봤어요?
③ 가족이나 친구를 위해 뭘 해 봤어요?
④ 한국 친구를 사귀기 위해 어떻게 해요?
⑤ 수업 시간에 졸지 않기 위해 어떻게 해요?

새단어 한국어능력시험 | 연장하다 | 미래 | 돈을 벌다

A/V-(으)ㄹ 수밖에 없다

- 쉬지 않고 일만 하면 스트레스가 생길 수밖에 없어요.
- 음식이 너무 맛있어서 많이 먹을 수밖에 없었어요.

- 가 왜 공원마다 사람이 많아요?
- 나 요즘 축제 기간이라서 사람이 많을 수밖에 없어요.

A/V	받침 ○, ×	많을 수밖에 없다 탈 수밖에 없다

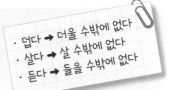

- 덥다 ➡ 더울 수밖에 없다
- 살다 ➡ 살 수밖에 없다
- 듣다 ➡ 들을 수밖에 없다

 보기 와 같이 이야기해 보세요.

보기

가 왜 오늘도 그 옷을 입어요?
나 빨래를 안 해서 입을 수밖에 없어요.

오늘도 그 옷을 입다/빨래를 안 하다

 ①
죽을 먹다/
배탈이 나다

②
늦게까지 공부하다/
발표 숙제가 많다

③
택시를 타다/
버스가 안 오다

④
사무실이 덥다/
에어컨을 안 고치다

 보기 와 같이 이야기해 보세요.

보기

가 사고 싶은 물건이 있는데 생활비를 다 썼어요. 어떻게 해야 해요?
나 다음 달 용돈을 받을 때까지 참을 수밖에 없어요.

✓ ① 사고 싶은 물건이 있는데 생활비를 다 썼어요. 어떻게 해야 해요?
② 다리가 아픈데 엘리베이터가 고장났어요. 어떻게 해야 해요?
③ 택시를 타고 있는데 길이 막혀요. 어떻게 해야 해요?
④ 배가 너무 고픈데 냉장고에 우유밖에 없어요. 어떻게 해야 해요?
⑤ 기숙사에서 살고 싶은데 신청을 못 했어요. 어떻게 해야 해요?

새단어 발표 | 생활비를 쓰다 | 참다 | 길이 막히다

말하기 2

1 보기 와 같이 이야기해 보세요.

 10-3

보기

장홍   조엔 씨, 스트레스를 받을 때가 있어요?

조엔   그럼요. 하지만 스트레스를 빨리 풀려고 해요.

장홍   네, 보통 언제 스트레스를 받아요?

조엔   저는 일이 많을 때 스트레스를 받아요. 그런데 제가 해야 하는 거니까 참을 수밖에 없어요. 장홍 씨도 요즘 스트레스가 있어요?

장홍   네, 대학교에 들어가기 위해서 한국어를 공부하는데 너무 힘들어요.
       그래서 요즘 좀 우울해요.

조엔   음, 스트레스가 많겠네요. 우리 수업 후에 노래방에 가서 스트레스 좀 풀어 볼까요?

장홍   좋아요. 저도 큰소리로 노래를 부르면 스트레스를 풀 수 있을 것 같아요.

보기	①	②
일이 많다	한국어로 하고 싶은 말을 못하다	운동하러 헬스장에 가다
제가 해야 하는 거니까 참다	아직 한국어를 잘 못하니까 속상하다	건강을 위해서 운동하다
대학교에 들어가다	한국 회사에서 일하다	한국어 선생님이 되다
노래방	놀이공원	PC방
큰소리로 노래를 부르다	놀이기구를 타고 소리를 지르다	게임도 하고 맛있는 음식도 먹다

2 여러분은 스트레스가 있을 때 어떻게 풉니까? 친구와 이야기해 보세요.

_____ 씨는 언제 스트레스를 받아요?

저는 청소하는 걸 싫어해서 청소할 때마다 스트레스를 받아요.

그럼 어떻게 스트레스를 풀어요?

청소할 때 락음악을 들어요. 그렇게 하면 스트레스를 덜 받는 것 같아요.

질문	나	친구
언제 스트레스를 받아요?		
어떻게 스트레스를 풀어요?		

새단어 놀이기구 | 되다 | 덜

듣고 말하기

여러분은 건강을 위해서 무엇을 하고 있습니까? 다음을 듣고 대답해 보세요.   10-4

1 이 남자는 왜 라디오 프로그램에 나왔습니까?

① 새 영화를 소개하려고 ② 건강에 좋은 요리법을 배우려고

③ 잠 자는 습관을 바꾸려고 ④ 건강하게 지내는 방법을 말하려고

2 이 남자는 피곤할 때 무엇을 먹습니까?

_____

3 맞는 것을 고르세요.

① 남자는 보통 밤 11시에 잡니다.
② 남자는 오늘 오전 5시에 일어났습니다.
③ 남자의 여자 친구가 문자 메시지를 보냈습니다.
④ 남자는 눈이 안 좋아서 아침마다 영양제를 먹습니다.

여러분은 건강을 위해서 자주 먹는 음식이 있습니까? 친구와 같이 이야기해 보세요.

사과   브로콜리

귤   인삼

당근   블루베리

소화가 잘되다

피곤할 때 좋다

눈에 좋다

 저는 아침마다 사과를 먹어요. 사과를 먹으면 소화가 잘돼요.

 저는 피곤할 때 귤이나 오렌지를 자주 먹어요. 그 음식에는 비타민 C가 많아서 피곤할 때 좋아요.

 방송에 나오다 | 새벽 | 습관 | 영양제 | 비타민 | 블루베리 | 오랫동안 | 팬 | 브로콜리

읽고 쓰기

여러분은 건강한 생활 습관을 가지고 있습니까? 다음을 읽고 대답해 보세요.

건강 정보

Home　　Profile　　About Us　　Contacts

건강에 좋은 생활 습관에는 무엇이 있을까요?

여러분은 건강하게 살기 위해서 어떤 습관을 가지고 있습니까? 다음은 건강에 좋은 생활 습관입니다. 여러분도 하루의 생활 습관을 바꿔 보세요.

1. 음식 습관

• 아침에 일어나면 바로 물 한 잔을 드세요. 그리고 물은 하루에 8잔 마시는 것이 좋습니다. 물을 많이 마시면 소화가 잘되기 때문에 건강에 좋습니다.

• 식사할 때마다 채소를 먹고 달걀이나 두부를 많이 드세요. 또 비타민이 많은 과일을 자주 드세요. 이 음식들은 몸을 건강하게 만들어 주기 때문에 감기를 예방할 수 있습니다.

2. 운동 습관

• 운동은 일주일에 3번 이상 하는 것이 좋습니다. 하지만 식사 후에 바로 하는 것은 좋지 않습니다. 밥을 먹은 지 2시간이 지난 후에 가벼운 운동을 해 보세요.

• 가까운 곳은 버스나 지하철 대신에 걷는 것이 좋습니다. 그리고 엘리베이터 대신에 계단을 이용하면 생활 속에서 쉽게 운동할 수 있습니다.

3. 자기 전 습관

• 잠을 잘 자기 위해서는 자기 전에 휴대폰을 사용하지 마세요. 또 어두운 곳에서 휴대폰을 오래 사용하면 눈 건강에도 좋지 않습니다.

• 스트레스가 많으면 잠을 푹 잘 수 없습니다. 그래서 스트레스가 있을 때는 자기 전에 명상을 하면 마음을 편안하게 할 수 있습니다.

> **tylee07**
> 좋은 정보 감사합니다. 저는 생활 습관이 너무 안 좋네요. 그러니까 자주 아플 수밖에 없는 것 같아요. 생활 습관을 바꾸려고 노력해야겠어요.

새단어 | 예방하다 | 이상 | (시간이) 지나다 | 명상(을) 하다 | 편안하다

1 무엇을 소개한 글입니까?

_____

2 글의 내용과 맞으면 ○, 틀리면 ✕ 하세요.

① 아침마다 명상을 하면 하루 종일 피곤하지 않습니다.

② 밥을 먹고 나서 운동을 바로 하는 것은 좋지 않습니다.

③ 소화가 잘되기 위해서 물을 계속 마시는 것이 좋습니다.

④ 감기에 걸리지 않으려면 비타민이 많은 과일을 먹는 것이 좋습니다.

3 이 글은 어떤 사람이 읽으면 좋을까요?

① 산책을 자주 하는 사람
② 스트레스를 잘 푸는 사람
③ 감기에 자주 걸리는 사람
④ 날마다 채소를 먹는 사람

여러분이 알고 있는 건강한 생활 습관에 대해서 글을 써 보세요.

① 몸 건강에 좋은 습관은
   무엇입니까?

· 음식 습관

· 운동 습관

· 자기 전 습관

· 일하거나 공부할 때의 습관

② 여러분은 이 중에서 어떤
   습관을 가지고 있습니까?

한국의 건강식품

● 한국 사람들은 건강을 지키기 위해서 어떤 음식을 많이 먹을까요?

① 김치

김치는 한국의 전통 음식으로 한국 사람들이 끼니마다 먹는 반찬입니다. 김치의 종류는 200 가지가 넘는데 지역마다 재료와 만드는 방법이 조금씩 다릅니다. 김치는 건강에 좋고 다이어트에도 좋습니다.

② 인삼

인삼은 한국의 대표적인 건강식품입니다. 피곤하거나 스트레스를 많이 받을 때 먹으면 좋습니다. 맛이 조금 쓰기 때문에 사탕이나 차로도 많이 먹습니다.

③ 마늘

마늘은 한국 음식을 만들 때 꼭 필요한 재료입니다. 마늘은 소화를 돕고 암을 예방합니다. 그래서 한국 사람들은 고기를 먹을 때 마늘을 구워서 먹거나 상추에 싸서 먹습니다.

④ 장어

장어는 기운이 나는 음식입니다. 한국 사람들은 장어를 구워서 생강과 함께 먹습니다. 장어에는 단백질과 비타민이 많고 특히 위와 눈에 좋습니다.

 새단어 식품 | 끼니 | 반찬 | 가지 | 넘다 | 지역 | 조금씩 | 대표적 | 암 | 상추 | 생강 | 단백질

메모

🔍

메모

추석에 먹을 음식을 많이 준비해 놓았어요

조 엔   오늘 뉴스를 봤는데 고속도로가 많이 막혔어요.

김선우   내일이 추석이라서 고향에 가는 사람이 많아서 그래요.

조 엔   선우 씨도 이번 추석에 고향에 가요?

김선우   아니요, 안 가요. 작년에는 갔는데 올해는 할아버지, 할머니께서 서울에 오세요.

조 엔   가족들이 모두 모이면 즐겁겠어요.

김선우   조엔 씨 고향에서는 명절에 무엇을 해요?

조 엔   가족들이 서로 선물을 하고 명절 음식도 먹으면서 시간을 보내요. 명절이 되니까 부모님이 보고 싶네요.

김선우   조엔 씨, 명절에 혼자 있으면 외로우니까 우리 집에 오세요. 추석에 먹을 음식을 많이 준비해 놓았어요.

조 엔   정말 그래도 돼요? 초대해 줘서 고마워요. 꼭 갈게요.

1. 오늘 왜 고속도로가 막혔어요?
2. 조엔 씨 고향에서는 명절에 무엇을 해요?
3. 조엔 씨는 이번 추석에 무엇을 할 거예요?

어휘

명절에 하는 일

고향에 가다

가족이 모이다

한복을 입다

차례를 지내다

성묘를 하다

친척을 방문하다

전통 놀이

윷놀이

제기차기

연날리기

강강술래

한국의 명절

설날

2월 12일
음력 1월 1일
설날

음력 1월 1월

떡국을 먹다

세배를 하다

세뱃돈을 받다

추석

9월 21일
음력 8월 15일
추석

음력 8월 15일

송편을 만들다

보름달을 구경하다

소원을 빌다

가 한국 사람들은 명절에 무엇을 해요?

나 차례를 지내고 친척을 방문해요.

문법과 표현 1

A-(으)ㄴ데, V-는데²

- 오늘은 바쁜데 내일은 바쁘지 않아요.
- 제 동생은 노래를 잘하는데 저는 잘 못해요.
- 어제는 날씨가 맑았는데 오늘은 흐리네요.

A	받침 ○	작은데
	받침 ×	바쁜데
V	받침 ○, ×	먹는데 가는데

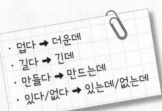

- 덥다 ➡ 더운데
- 길다 ➡ 긴데
- 만들다 ➡ 만드는데
- 있다/없다 ➡ 있는데/없는데

보기 와 같이 이야기해 보세요.

보기

평일   주말

가 매일 일찍 일어나세요?
나 아니요, 평일에는 일찍 일어나는데 주말에는 늦잠을 자요.

질문	대답
✓ ① 매일 일찍 일어나세요?	평일에는 일찍 일어나다 ⬌ 주말에는 늦잠을 자다
② 폴 씨의 가족들은 다 키가 커요?	아버지는 키가 크시다 ⬌ 어머니는 작으시다
③ 하경 씨는 동생하고 성격이 비슷해요?	저는 활발하다 ⬌ 동생은 조용하다
④ 지금도 친구하고 기숙사에 살아요?	저는 기숙사에 살다 ⬌ 친구는 원룸으로 이사했다
⑤ 밖에 비가 와요?	아까는 비가 왔다 ⬌ 지금은 그쳤다
⑥ 요즘에도 책을 많이 읽으세요?	전에는 많이 읽었다 ⬌ 요즘은 거의 못 읽다

보기 와 같이 이야기해 보세요.

보기

가 무슨 음식을 좋아해요?
　 무슨 음식을 싫어해요?
나 저는 피자는 좋아하는데
　 스파게티는 싫어해요.

✓ ① 무슨 음식을 좋아해요? 무슨 음식을 싫어해요?
② 무슨 운동을 잘해요? 무슨 운동을 못해요?
③ 한국 노래를 자주 들어요? 한국 드라마도 자주 봐요?
④ 부산에 가 봤어요? 제주도에도 가 봤어요?

새단어 그치다

문법과 표현 2

V-(으)면서

- 밥을 먹으면서 텔레비전을 봐요.
- 제 룸메이트는 샤워하면서 노래를 불러요.

- 가 시간이 있을 때 뭐 하세요?
- 나 보통 차를 마시면서 책을 읽어요

V	받침 ○	읽으면서
	받침 ×	가면서

- 돕다 ➡ 도우면서
- 듣다 ➡ 들으면서

👥 보기 와 같이 이야기해 보세요.

보기

가 미린 씨가 지금 뭐 하고 있어요?
나 과자를 먹으면서 텔레비전을 보고 있어요.

①  ②   ③  ④

👥 보기 와 같이 이야기해 보세요.

보기

가 운전하면서 무엇을 하면 안 돼요?
나 운전하면서 전화하면 안 돼요.
가 그럼 운전하면서 라디오를 듣는 건 어때요?
나 그건 괜찮아요.

✓ 운전하다   길을 걷다   수업을 듣다

졸다   ✓ 전화하다   게임을 하다   ✓ 라디오를 듣다
노래를 부르다   음식을 먹다   동영상을 찍다   그림을 그리다
친구와 이야기하다 문자 메시지를 보내다 궁금한 것을 물어보다   ?

새단어 궁금하다

51

말하기 1

1 보기 와 같이 이야기해 보세요.

보기

빅토르　다음 주가 설날이네요. 하경 씨, 설날은 어떤 명절이에요?

이하경　새해가 된 것을 축하하는 날이에요.

빅토르　그럼 설날에 보통 뭘 해요?

이하경　차례를 지내고 윷놀이도 하면서 즐겁게 지내요.

빅토르　우리 고향에도 설날과 비슷한 명절이 있어요.

　　　　작년에는 가족과 함께 명절을 보냈는데 올해는 혼자 보내요.

이하경　많이 아쉽겠어요. 설날에 친구들을 만나는 게 어때요?

빅토르　네, 그렇게 하려고요. 이따가 친구들하고 명절 계획을 세울 거예요.

이하경　좋은 생각이에요. 빅토르 씨, 명절 잘 보내고 다음에 봐요.

보기	①
설날	추석
새해가 된 것을 축하하는 날이다	농사가 잘 끝난 것을 감사하는 날이다
차례를 지내고 윷놀이도 하다/즐겁게 지내다	송편을 먹고 보름달을 보다/소원을 빌다
가족과 함께 명절을 보냈다/ 올해는 혼자 보내다	고향에 갔다/올해는 일이 많아서 못 가다

2 여러분은 지난 명절에 무엇을 했습니까? 친구와 이야기해 보세요.

	나	＿＿＿＿＿＿ 씨
① 누구를 만났어요?		
② 어디에 갔어요?		
③ 무슨 음식을 먹었어요?		
④ 무엇을 하면서 보냈어요?		

새단어　아쉽다 | 농사

문법과 표현 3

V–(으)ㄹ N

- 내일 먹을 음식을 만들어요.
- 이번 추석에는 할 일이 많아서 고향에 못 가요.

- 가 이게 뭐예요?
- 나 이따가 우체국에 가서 보낼 소포예요.

V	받침 ○	먹을
	받침 ×	올

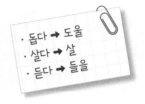
- 돕다 ➡ 도울
- 살다 ➡ 살
- 듣다 ➡ 들을

 보기 와 같이 이야기해 보세요.

보기

내일 볼 시험은 말하기 시험이에요.

✓①

내일 보겠다, 시험

②

친구 결혼식에서 입겠다, 옷

③

다음에 부르겠다, 노래

④

저녁에 만들겠다, 음식

⑤

이번에 구경하겠다, 곳

⑥

스키장에 가지 않겠다, 사람

 보기 와 같이 이야기해 보세요.

보기

가 명절에 할아버지께 무슨 선물을 드릴 거예요?
나 명절에 할아버지께 드릴 선물은 인삼차예요.

✓① **명절에 할아버지께 무슨 선물을 드릴 거예요?**
② 이따가 무슨 수업을 듣나요?
③ 몸이 아플 때 친구에게 무슨 일을 부탁해요?
④ 도서관에 무슨 책을 반납해야 해요?
⑤ 부모님께서 한국에 오시면 어디에 갈 거예요?

 새단어 스키장 | 반납하다

V-아 놓다(두다)/어 놓다(두다)

- 어제 창문을 열어 놓고 자서 감기에 걸렸어요.
- 코트에 옷걸이를 걸어 놓으세요.

- 가 누가 이 음식을 준비해 놓았어요?
  나 제 어머니께서 준비해 놓으셨어요.

V	ㅏ, ㅗ ○	사 놓다[두다]
	ㅏ, ㅗ ×	만들어 놓다[두다]
	하다	준비해 놓다[두다]

 보기 와 같이 이야기해 보세요.

보기

가 케이크가 어디에 있어요?
나 아까 냉장고에 넣어 놓았어요.

✓① 케이크가 어디에 있어요?

아까 냉장고에 넣다

② 날씨가 더운데 왜 창문을 닫고 있어요?

밖이 시끄러워서 창문을 닫다

③ 누가 김 선생님 전화번호를 알아요?

제가 휴대폰에 저장하다

④ 제가 빌려 준 지우개 어디에 있어요?

선우 씨 책상 위에 놓다

친구들과 해외여행을 가려고 합니다. 무엇을 준비할까요? 보기 와 같이 이야기해 보세요.

보기

비자를 받아 놓을 거예요.

예매하다　　예약하다　　✓ 비자를 받다　　환전하다　　짐을 싸다　　?

새단어 옷걸이 | 걸다 | 저장하다

말하기 2

1 보기 와 같이 이야기해 보세요.

보기

빅토르 미린 씨, 명절 연휴에 뭐 할 거예요?

미 린 글쎄요, 아직 못 정했어요. 빅토르 씨는요?

빅토르 저는 한옥 마을에 가려고 해요. 미린 씨도 같이 가요. 거기에서 한복을 입어 보고 전통 놀이도 할 수 있어요.

미 린 네, 좋네요. 기대가 돼요. 한옥 마을을 구경하고 근처에서 저녁도 먹어요.

빅토르 그래요. 제가 전통 놀이 체험을 신청해 둘게요.

미 린 고마워요. 참, 줄리 씨도 같이 가면 어떨까요?

빅토르 좋지요. 그런데 줄리 씨가 바빠서 갈 시간이 있는지 모르겠어요.

미 린 제가 연락해 볼게요. 같이 가면 더 재미있을 거예요.

보기	①	②
한옥 마을	정동극장	민속 박물관
한복을 입어 보고 전통 놀이도 할 수 있다	전통차를 마셔 보고 강강술래도 할 수 있다	윷놀이를 해 보고 전통 춤 공연도 볼 수 있다
전통 놀이 체험을 신청하다	맛있는 식당을 예약하다	공연 시간을 알다
가다	같이 놀다	공연을 보다

2 여러분은 이번 명절 연휴에 뭘 하고 싶습니까? 친구와 이야기해 보세요.

 이번 명절에 뭐 할 거예요?

 저는 고향에 다녀올 생각이에요. 명절 선물도 사 두었어요.

 저는 고향이 멀어서 못 가요. 그래서 친구들과 함께 고향 음식을 만들어 먹으려고 해요.

새단어 기대가 되다

듣고 말하기

● 여러분은 한국에서 명절에 무엇을 했습니까? 다음을 듣고 대답해 보세요.

1 조엔 씨가 명절에 한 일을 모두 고르세요.

①  ②  ③  ④

2 조엔 씨와 빅토르 씨는 이번 주말에 무엇을 하려고 합니까?

① 두 사람이 같이 송편을 만들려고 합니다.
② 조엔 씨가 빅토르 씨를 집에 초대할 겁니다.
③ 조엔 씨가 음식을 준비해서 한옥 마을에 갈 겁니다.
④ 선우 씨의 어머니께 송편 만드는 방법을 배우려고 합니다.

3 맞는 것을 고르세요.

① 송편을 만드는 방법은 어렵습니다.
② 선우 씨는 가족들과 많이 닮았습니다.
③ 조엔 씨와 빅토르 씨는 함께 장을 보러 갔습니다.
④ 조엔 씨는 명절에 친구들하고 같이 송편을 만들었습니다.

🗣 여러분 고향에도 추석과 같은 명절이 있습니까? 한국의 추석과 무엇이 다릅니까? 친구와 이야기해
보세요.

조엔 씨 고향에도 추석과
비슷한 명절이 있어요?

네, 있어요. 추수감사절이에요.

한국의 추석과 무엇이 달라요?

가족들이 같이 전통 음식인 칠면조를
먹는데 차례를 지내거나 성묘는
가지 않아요.

🚩 새단어 장을 보다 | 추수감사절 | 칠면조

읽고 쓰기

● 한국 사람들은 설날에 무엇을 합니까? 다음을 읽고 대답해 보세요.

설날은 음력 1월 1일로 새해의 첫날입니다. 설날에는 여러 가지 일을 합니다. 먼저 새 옷을 입고 준비해 둔 음식으로 차례를 지냅니다. 차례가 끝나면 가족들이 모여서 아침 식사를 합니다. 설날 아침에는 밥 대신에 떡국을 먹습니다. 떡국은 떡을 넣어서 끓이는 설날 음식인데 한국 사람들은 "떡국을 먹으면 나이를 한 살 더 먹습니다."라고 생각합니다. 아침 식사가 끝나면 세배를 합니다. 세배는 어른들께 하는 한국의 새해 인사입니다. 절을 하면서 "새해 복 많이 받으세요."라고 말합니다. 그러면 어른들이 좋은 말씀을 해 주시면서 세뱃돈을 주십니다. 세배를 하고 나면 가족들이 함께 모여서 전통 놀이를 합니다. 윷놀이도 하고 제기도 차면서 즐거운 시간을 보냅니다. 그리고 친척 댁에 인사를 드리러 갑니다.

그런데 요즘에는 가족들과 설날을 보내지 않고 여행을 가는 사람들도 있습니다. 또 새해 인사를 만나서 직접 하지 않고 전화를 하거나 문자로 보내는 사람들도 있습니다. 이렇게 설날을 보내는 모습은 다양하지만 설날을 기다리고 가족을 보고 싶어 하는 마음은 같습니다.

1 이 글은 무엇을 소개하는 글입니까?

① 설날에 먹는 전통음식   ② 설 명절의 의미와 하는 일
③ 한국의 대표적인 전통 놀이   ④ 사람들이 설날에 여행하는 이유

2 한국의 설날에 대해 써 보세요.

> ① 설날에 하는 일 : _____
>
> ② 설날에 먹는 음식 : _____

3 글의 내용과 맞으면 ○, 틀리면 ✕ 하세요.

① 설날 아침에는 밥을 먹지 않고 떡국을 먹습니다.

② 가족들이 모여서 세배를 한 후에 차례를 지냅니다.

③ 명절 전에 어른들께 드릴 세뱃돈을 미리 준비해 둡니다.

④ 요즘에는 여행을 하면서 설을 보내는 사람들도 있습니다.

새단어   새해 | 첫날 | 살 | 복 | 절

✎ 여러분 고향의 명절을 소개하는 글을 써 보세요.

① 명절 이름이 무엇입니까?

② 언제입니까?

③ 어떤 음식을 먹습니까?

④ 음식에 특별한 의미가 있습니까?

⑤ 무엇을 하면서 보냅니까?

 **자음동화 2** 🎧 11-5

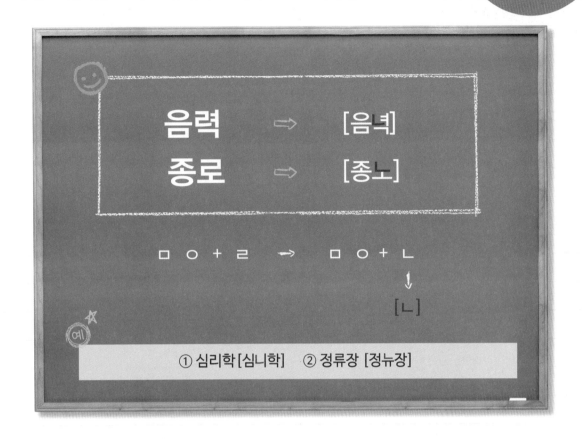

◗ **들어 보세요.**

① 음력 　　　② 대통령 　　　③ 음료수 　　　④ 입장료

◗ **듣고 따라해 보세요.**

① 추석은 음력 8월 15일입니다.

② 설날에 먹는 전통 음료수가 뭐예요?

③ 가　대학교에서 무엇을 공부하고 싶어요?
　 나　저는 심리학을 공부하고 싶어요.

④ 가　경복궁은 입장료가 얼마예요?
　 나　3,000원인데 명절에는 무료예요.

🗂 새단어　입장료

Unit
12

바쁘겠지만
꼭 오기를 바라요

🎯 학습목표

● **어휘**	초대 특별한 날과 선물
● **문법과 표현 1**	A/V-거든요
● **문법과 표현 2**	V-겠-(의지)
● **말하기 1**	초대하기
● **문법과 표현 3**	A/V-(으)ㄹ 것 같다
● **문법과 표현 4**	A/V-기를 바라다
● **말하기 2**	방문하기
● **듣고 말하기**	집들이 선물에 대한 대화 듣고 말하기
● **읽고 쓰기**	초대하는 이메일 읽기 초대하는 이메일 쓰기
● **문화**	한국의 방문 예절

들어요 🎧

🎧 12-1

조 엔   금요일에 우리 집에 올 수 있어요? 얼마 전에 새집으로
        이사를 했거든요.

빅토르 와, 축하해요. 그럼 집들이를 하는 거예요?

조 엔   네, 반 친구들하고 저녁을 먹으려고요.
        바쁘겠지만 꼭 오기를 바라요.

빅토르 초대해 줘서 고마워요. 몇 시까지 갈까요?

조 엔   오후 6시까지 오면 돼요. 제가 집 주소와 위치를 문자로
        보낼게요.

빅토르 그런데 저는 조금 늦을 것 같아요. 회사에서 일이 6시쯤
        끝나요.

조 엔   괜찮아요. 저녁 식사는 7시쯤 시작할 거예요.

빅토르 선물을 하고 싶은데 뭐 필요한 거 없어요?

조 엔   필요한 거 없으니까 그냥 오세요.

빅토르 알겠어요. 선물은 제가 알아서 준비하겠어요.

1. 조엔 씨가 왜 빅토르 씨를 집에 초대했어요?

2. 빅토르 씨는 조엔 씨 집들이에 왜 늦게 도착할까요?

어휘

초대

주인

초대하다

장을 보다

음식을 차리다

손님을 맞이하다

손님을 대접하다

손님을 배웅하다

손님

초대를 받다

선물을 준비하다

집을 방문하다

특별한 날과 선물

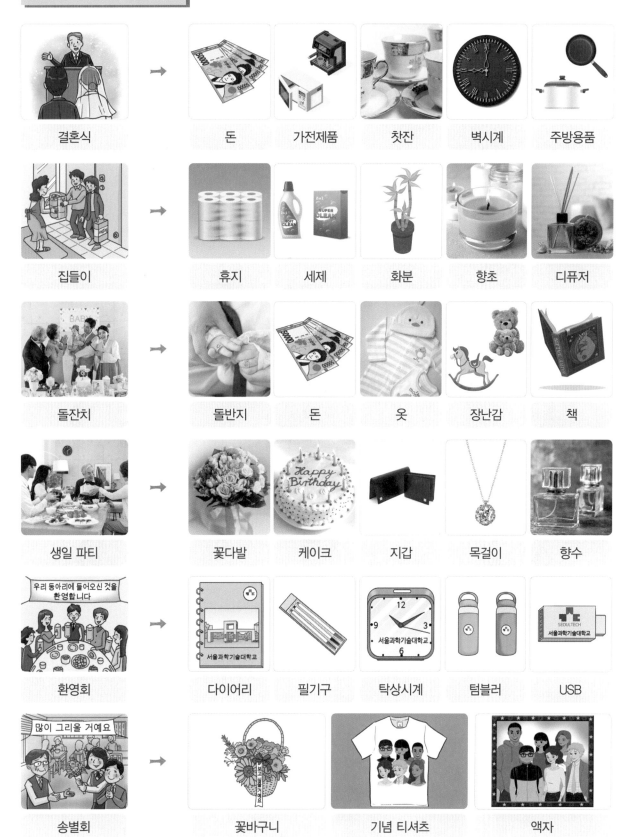

결혼식 → 돈 · 가전제품 · 찻잔 · 벽시계 · 주방용품

집들이 → 휴지 · 세제 · 화분 · 향초 · 디퓨저

돌잔치 → 돌반지 · 돈 · 옷 · 장난감 · 책

생일 파티 → 꽃다발 · 케이크 · 지갑 · 목걸이 · 향수

환영회 → 다이어리 · 필기구 · 탁상시계 · 텀블러 · USB

송별회 → 꽃바구니 · 기념 티셔츠 · 액자

문법과 표현 1

A/V-거든요

- 가 동대문 시장에 자주 가세요?
  나 네, 싸고 예쁜 옷이 많거든요.

- 가 왜 그렇게 장을 많이 봤어요?
  나 집에 손님을 초대했거든요.

A/V	받침 ○, ×	많거든요 가거든요

 보기 와 같이 이야기해 보세요.

보기

가 왜 한국 드라마를 자주 보세요?
나 한국어를 빨리 배울 수 있거든요.

✓① 왜 한국 드라마를 자주 보세요?

한국어를 빨리 배울 수 있다

② 왜 배탈이 났어요?

음식을 빨리 먹었다

③ 그건 무슨 꽃이에요?

이따가 친구 생일 파티에 가다

④ 왜 옷을 두껍게 입었어요?

오늘 아침에는 추웠다

⑤ 얼굴이 안 좋은데 무슨 일 있어요?

어제 잠을 못 자서 피곤하다

⑥ 왜 원룸으로 이사하려고 해요?

음식을 요리해서 먹고 싶다

친구에게 초대를 받았는데 갈 수 없습니다. 보기 와 같이 이야기해 보세요.

보기

가 주말에 시간 있으면 우리 집에 오세요.
나 미안해요. 좀 어려울 것 같아요. 다른 약속이 있거든요.

✓다른 약속이 있다	아르바이트를 해야 하다	이번 주말에 좀 바쁘다
숙제가 많다	친구 이사를 돕다	?

문법과 표현 2

V-겠-

- 이번 학기에는 꼭 장학금을 받겠어요.
- 올해에는 운동을 해서 살을 빼겠습니다.

- 가 내일 우리 집에 식사하러 올 수 있어요?
- 나 초대해 줘서 고마워요. 꼭 가겠어요.

V	받침 ○,×	받겠다 가겠다

 보기 와 같이 이야기해 보세요.

보기

술을 끊다/다음 주

가 언제부터 술을 끊을 거예요?
나 다음 주부터 술을 끊겠어요.

①
운동하다/다음 달

②
일찍 일어나다/
내일

③
컴퓨터 게임을 하지 않다/
오늘 저녁

④
약속을 잘 지키다/
이제

 여러분의 새해 계획은 무엇입니까? **보기** 와 같이 이야기해 보세요.

보기

미린   조엔 씨, 새해에 무슨 계획이 있어요?
조엔   저는 한국어를 열심히 공부하겠어요. 미린 씨는요?
미린   저는 한국에서 배낭 여행을 하겠어요.

돈을 모으다	대학교(대학원)에 입학하다	회사에 취직하다
라디오를 듣다	세계 일주를 하다	✓배낭 여행을 하다
동영상을 찍다	✓한국어를 열심히 공부하다	외국어를 배우다
아르바이트를 하다	살을 빼다	?

새단어 살을 빼다 | 세계 일주

말하기 1

1 보기 와 같이 이야기해 보세요.

 12-2

보기

장 홍 　자르갈 씨, 다음 주 수요일 오후에 바빠요?

자르갈 　아니요, 별일 없는데요. 왜요?

장 홍 　흐엉 씨가 고향에 돌아가서 송별회를 하기로 했거든요.

자르갈 　그래요? 몇 시에 어디에서 해요?

장 홍 　오후 6시에 학생식당에서 하는데 올 수 있어요?

자르갈 　네, 갈 수 있어요. 그런데 제가 도와줄 일은 없나요?

장 홍 　그럼 자르갈 씨가 즉석 사진기를 가져올 수 있어요?

자르갈 　네, 알겠어요. 제가 즉석 사진기를 가져가겠어요.

보기	①	②
흐엉 씨가 고향에 돌아가다	동아리에 새 친구가 들어오다	개강을 하다
송별회를 하기로 했다	환영회를 하다	유학생 모임이 있다
즉석 사진기를 가져오다	꽃집에서 꽃을 찾아오다	미린 씨에게 연락해주다
즉석 사진기를 가져가다	꽃을 찾아가다	미린 씨에게 연락하다

2 여러분이 친구를 모임에 초대하고 싶습니다. 친구와 이야기해 보세요.

이번 주 토요일 저녁에 시간 있어요?  네, 왜요? 무슨 일 있어요?

	나	친구
모임을 하는 이유		
날짜		
장소		
도와줄 일		

새단어　즉석 사진기 | 가져가다 | 찾아오다 | 찾아가다 | 개강 | 유학생

SEOUL TECH 한국어 2B · 66

문법과 표현 3

A/V-(으)ㄹ 것 같다

- 오후에 비가 올 것 같아요.
- 배가 불러서 저녁을 못 먹을 것 같아요.

- 가 집들이 선물로 뭐가 좋을까요?
  나 휴지나 세제가 좋을 것 같아요.
- 가 하경 씨가 집에 도착했을까요?
  나 지금 8시니까 도착했을 것 같아요.

| A/V | 받침 ○, × | 작을 것 같다 볼 것 같다 |

- 덥다 ➡ 더울 것 같다
- 만들다 ➡ 만들 것 같다
- 듣다 ➡ 들을 것 같다

💬 보기 와 같이 이야기해 보세요.

보기

이 책이 재미있다/재미있다

가 이 책이 재미있을까요?
나 네, 재미있을 것 같아요.

①

내일도 날씨가
춥다/춥다

②

저 사람이 노래를 잘 부르다/
잘 부르지 못하다

③

약속 시간에 늦지
않다/늦다

④

김 선생님께서 결혼하셨다/
결혼하셨다

💬 보기 와 같이 이야기해 보세요.

보기
가 지금 줄리 씨가 뭐 할 것 같아요?
나 헬스장에서 운동할 것 같아요.

✓ ① **지금 줄리 씨가 뭐 할 것 같아요?**
② 주말에 등산을 가는데 날씨가 어떨 것 같아요?
③ 다음 주 말하기 시험이 어떨 것 같아요?
④ 한국 친구 집에 가는데 무슨 선물이 좋을 것 같아요?
⑤ 고향에서 친구가 오는데 어디에 가면 좋을까요?
⑥ 빅토르 씨가 집에 없는데 어디에 갔을까요?

문법과 표현 4

A/V-기를 바라다

- 시험에 꼭 합격하기를 바라요.
- 새해 복 많이 받으시고 건강하시기 바랍니다.

- 수업을 시작하니까 모두 자리에 앉기를 바랍니다.

A/V	받침 ○, ×	살기를 바라다 건강하기를 바라다

 보기 와 같이 이야기해 보세요.

보기

가 집들이에 와 주셔서 감사합니다.
나 진심으로 축하합니다. 새집에서 좋은 일이 많이 생기기를 바랍니다.

집들이/새집에서 좋은 일이 많이 생기다

①
결혼식/
행복하게 잘 살다

②
환갑잔치/
건강하게 오래 사시다

③
돌잔치/아이가
튼튼하게 잘 자라다

④
생일 파티/항상
건강하고 행복하다

 보기 와 같이 이야기해 보세요.

보기

가 친구에게 병문안을 가면 뭐라고 해요?
나 "빨리 낫기를 바라요."라고 해요.

✓ 친구에게 병문안을 가다 친구 입학식에 가다 선배 졸업식에 가다 반 친구 송별회에 가다	항상 건강하고 자주 연락하다 ✓ 빨리 낫다 앞으로 밝은 미래가 함께하다 열심히 공부해서 원하는 것을 이루다

새단어 합격하다 | 진심으로 | 환갑잔치 | 튼튼하다 | 자라다 | 병문안 | 이루다

말하기 2

1 보기 와 같이 이야기해 보세요.   ▶ 12-3

보기

남자	집들이에 초대해 주셔서 고맙습니다.
여자	아니에요. 바쁘신데 이렇게 와 주셔서 감사합니다.
남자	앞으로 새집에서 모든 일이 잘되기를 바랍니다. 이거 받으세요. 세제하고 화분이에요.
여자	뭐 이런 걸 다 가지고 오셨어요.
남자	별거 아니지만 마음에 드셨으면 좋겠어요.
여자	고마워요. 오늘 점심으로 불고기하고 잡채를 준비했는데 맛있게 드셨으면 좋겠어요.
남자	와, 음식이 정말 맛있을 것 같아요.
여자	그래요? 천천히 많이 드세요.

보기	①	②
집들이	돌잔치	결혼식
새집에서 모든 일이 잘되다	아이가 예쁘고 건강하게 자라다	두 분 오래오래 행복하다
세제하고 화분	아기 옷	벽시계
불고기하고 잡채	한국 요리하고 돌떡	갈비탕하고 국수
음식이 정말 맛있다	돌떡이 너무 예뻐서 못 먹다	제가 좋아하는 음식이라서 많이 먹을 수 있다

2 여러분이 특별한 날에 초대를 받아서 갑니다. 축하 인사를 어떻게 합니까?
그리고 무슨 선물을 가지고 갑니까? 친구와 이야기해 보세요.

특별한 날	축하 인사	선물

새단어 잘되다 | 별것(별거) | 돌떡

듣고 말하기

● 여러분은 집들이 선물로 무엇을 주고 싶습니까? 다음을 듣고 대답해 보세요.

1 루카스 씨는 조엔 씨에게 어떤 선물을 주려고 합니까?

_____

2 이하경 씨가 향초를 선물하려는 이유는 무엇입니까? 모두 고르세요.

① 조엔 씨가 좋아해서
② 공기를 깨끗하게 해서
③ 집 분위기를 좋게 만들어서
④ 좋은 일이 일어나기를 바라서

3 맞는 것을 고르세요.

① 조엔 씨는 세제와 휴지를 많이 샀습니다.
② 한국에서 집들이 선물에는 특별한 의미가 있습니다.
③ 이하경 씨는 나무를 좋아해서 화분을 선물하고 싶어 합니다.
④ 옛날의 한국 사람들은 따뜻하게 살기를 바라서 초를 선물했습니다.

🗣 여러분 고향에서는 집들이에 무슨 선물을 합니까? 그 선물에 특별한 의미가 있습니까?
친구와 이야기해 보세요.

집들이에 보통 무슨 선물을 해요?   세제나 휴지를 많이 선물해요.

왜 그 선물을 줘요? 부자가 되기를 바라는 마음으로 줘요.

질문	나	친구
집들이 선물		
선물의 의미		

📝 새단어 이미 | 초 | 일이 일어나다 | 냄새 | 분위기 | 부자

읽고 쓰기

● 여러분은 초대하는 이메일을 받아 본 적이 있습니까? 다음을 읽고 대답해 보세요.

○○○메일	● ● ●
제 목	**국제 학생 모임에 초대합니다!**
보낸 사람	"김선우" <swkim@seoultech.ac.kr>
받는 사람	"미린" <mirin@gmail.com>

국제 학생 모임에 초대합니다!

안녕하세요? 국제 학생회 회장 김선우입니다.

새 학기를 맞이하여 외국인 학생들과 한국인 학생들이 서로의 문화를 이해하고 언어를 교환하는 모임을 하려고 합니다.

한국 문화를 체험하고 싶은 외국인 유학생, 언어를 교환하고 싶은 한국인 학생들을 초대합니다. 모임에 오시면 한국의 길거리 음식 문화를 체험하고 여러 나라의 친구를 사귈 수 있습니다. 떡볶이, 어묵, 김밥, 호떡과 같은 맛있는 한국 음식을 먹으면서 한국어와 외국어도 배울 수 있습니다. 모임에 참가를 원하시는 분은 저에게 연락해 주시면 감사하겠습니다.

꼭 오셔서 즐겁고 재미있는 시간을 보내시기 바랍니다.

- 날짜: 5월 20일 금요일 오후 6시
- 장소: 국제관 101호
- 연락처: 이메일 swkim@seoultech.ac.kr   전화 02) 970-9186

 ※ 오후 8시 이후에는 이메일로 연락해 주세요. 동아리방 문을 닫거든요!

ISC 국제 학생회 회장 김선우 올림

A 🖉 📎 🖼 ☺ 🔍 🗑   **보내기**

1 국제 학생회 회장은 왜 미린 씨에게 이메일을 썼습니까?

_____

2 글의 내용과 맞으면 ○, 틀리면 ✕ 하세요.

① 국제 학생 모임에는 외국인만 참가할 수 있습니다.

② 이번 모임에서는 한국의 길거리 음식을 먹을 수 있습니다.

③ 국제 학생 모임에서는 여러 가지 언어를 연습할 수 있습니다.

새단어 학기 | 언어 | 어묵 | 호떡 | 참가(를) 하다 | 동아리방 | 올림

✎ 여러분이 모임에 친구를 초대하려고 합니다. 모임을 계획하고 친구를 초대하는 이메일을 써 보세요.

| 모임의 종류 | ☐ 생일 파티 | ☐ 유학생 모임 | ☐ 동아리 모임 | ☐ 환영회 |
| | ☐ 송별회 | ☐ 집들이 | ☐ 결혼식 | ☐ _____ |

| 초대할 사람 | |

| 모임에서 할 일 | |

| 모임 날짜 | |

| 모임 장소 | |

○○○메일	● ● ●
제　목	에 초대합니다!
보낸 사람	
받는 사람	

에 초대합니다!

　　　　　　　　　　　　　　　　　　　　　　　　　보내기

📋 한국의 방문 예절

🌓 한국 사람의 집을 방문할 때는 어떤 예절을 지켜야 할까요?

집에 들어갈 때

> 먼저 신발을 벗고 들어가세요.

> 이때 양말을 안 신고 맨발로 들어가는 것은 좋지 않습니다. 특히 여름에는 샌들을 많이 신기 때문에 따로 양말을 준비하면 좋습니다.

> 작은 선물을 준비하는 것이 좋습니다. 꽃이나 과일 등을 가져가면 집주인이 기뻐할 겁니다.

식사할 때

> 웃어른보다 먼저 식사하지 마세요. 웃어른이 식사를 시작한 후에 먹어야 합니다.

> 국그릇이나 밥그릇을 손으로 들고 먹지 마세요. 식탁 위에 놓고 드세요.

> 식사가 끝난 후에 자리에서 먼저 일어나지 마세요. 식사가 모두 끝날 때까지 기다리는 것이 좋습니다.

새단어 맨발

가방을 잃어버렸는데 찾을 수 있을까요?

SEOULTECH

학습목표 🎯

유실물센터

🎧 13-1

줄 리	하경 씨, 가방을 잃어버렸는데 찾을 수 있을까요?
이하경	어디에서 잃어버렸어요?
줄 리	어제 저녁에 지하철 7호선에 놓고 내렸어요.
이하경	그럼 지하철 유실물센터에 가 보세요. 지하철에서 잃어버린 물건을 찾는 곳이에요.
줄 리	그래요? 오늘 수업이 끝나면 가 봐야겠어요.
이하경	가방 안에 뭐가 들어 있어요?
줄 리	책하고 친구가 선물한 지갑이 들어 있어요.
이하경	아, 그 꽃무늬가 있는 빨간색 지갑이요?
줄 리	네, 지갑 안에 외국인등록증이 들어 있어서 빨리 찾아야 해요. 그리고 숙제를 해야 하는데 책이 없어서 걱정이에요.
이하경	가방을 찾는 동안 제가 책을 빌려줄게요. 금방 찾을 거니까 너무 걱정하지 마세요.

. . . .

1. 줄리 씨는 어디에서 가방을 잃어버렸어요?

2. 가방 안에 무엇이 들어 있어요?

3. 줄리 씨는 수업이 끝나면 무엇을 할 거예요?

어휘

분실

잃어버리다

두고 오다

놓고 내리다

흘리다

신고하다

유실물센터(분실물센터)

가 어디에서 지갑을 잃어버렸어요?

나 105번 버스에 놓고 내렸어요.

색

| 빨간색 | 주황색 | 노란색 | 녹색(초록색) | 파란색 |
| 하얀색(흰색) | 까만색(검은색) | 회색 | 갈색 | 분홍색 |

무늬

| 줄무늬 | 꽃무늬 | 체크무늬 | 물방울무늬 |

모양

| 동그랗다 | 세모나다 | 네모나다 |

문법과 표현 1

'ㅎ' 불규칙

- 사과가 빨개서 맛있어 보여요.
- 눈이 많이 와서 밖이 하얘요.

- 새로 산 까만색 가방을 버스에 놓고 내렸어요.

<table>
<tr><td rowspan="2">A</td><td>까맣다 + −(으)ㄴ
파랗다 + −(으)니까</td><td>까만
파라니까</td></tr>
<tr><td>노랗다 + −아서 → 노라 + ㅣ + −아서 (애)
하얗다 + −아요 → 하야 + ㅣ + −아요 (애)</td><td>노래서
하얘요</td></tr>
</table>

· 좋다 ➡ 좋아요

보기 와 같이 이야기해 보세요.

보기

가 무슨 색을 좋아해요?
나 노란색을 좋아해요.

| ✓노랗다 | 까맣다 | 파랗다 | 이렇다 | 어떻다 |

①

가 오늘 하늘이 예쁘지요?
나 네, 하늘이 정말 높고 _____-아요/어요.

②

가 옆집 할머니는 나이보다 젊어 보이세요.
나 맞아요. 머리 색깔이 _____-(으)니까 그런 것 같아요.

③

가 어제 조엔 씨 집들이가 _____-았어요/었어요?
나 맛있는 음식도 먹고 아주 재미있었어요.

④

가 장홍 씨 생일에 이 모자를 선물할까 해요.
나 좋은 생각이에요. 장홍 씨는 _____-(으)ㄴ 모자가 어울려요.

새단어 빨갛다 | 하얗다 | 까맣다 | 파랗다 | 노랗다 | 이렇다 | 어떻다 | 하늘 | 옆집

문법과 표현 2

V-아 버리다/어 버리다

- 친구가 화를 내고 가 버려서 속상해요.
- 어제 지하철에서 지갑을 잃어버렸어요.

- 가 요즘에도 아침마다 운동을 하세요?
- 나 아니요, 너무 힘들어서 포기해 버렸어요.

V	ㅏ, ㅗ O	닫아 버리다
	ㅏ, ㅗ X	먹어 버리다
	하다	말해 버리다

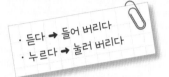
· 듣다 ➡ 들어 버리다
· 누르다 ➡ 눌러 버리다

보기 와 같이 이야기해 보세요.

보기

가 어제 산 빵이 어디에 있어요?
나 배가 고파서 제가 다 먹어 버렸어요.

여행을 가다/돈을 다 쓰다

배가 고프다/제가 다 먹다

긴장하다/공부한 것을 잊다

날씨가 덥다/짧게 자르다

약속이 취소되다/집에 오다

내용이 재미있다/하루에 다 읽다

✓ ① **어제 산 빵이 어디에 있어요?**
③ 지난주에 빌린 책 읽었어요?
⑤ 왜 시험을 못 봤어요?

② 오늘은 집에 일찍 왔네요.
④ 왜 생활비가 부족해요?
⑥ 머리 모양이 바뀌었네요.

여러분은 언제 속상했습니까? 보기 와 같이 이야기해 보세요.

보기

친구가 제 비밀을 다른 사람에게 말해 버려서 속상했어요.

새단어 포기하다 | 긴장하다 | 취소되다 | 비밀

말하기 1

1 보기 와 같이 이야기해 보세요.

보기

직원	어떻게 오셨습니까?
줄리	어제 저녁에 가방을 잃어버려서 왔는데요.
직원	어디에서 잃어버리셨습니까?
줄리	지하철 7호선에 놓고 내렸어요.
직원	가방이 어떻게 생겼습니까?
줄리	체크무늬가 있는 파란색 배낭이에요.
직원	가방 안에 뭐가 들어 있습니까?
줄리	지갑하고 책이 들어 있어요.
직원	잠깐만 기다리세요. (잠시 후) 그런 가방은 없는데요.
줄리	그래요? 꼭 찾아야 하는데 어떻게 하지요?
직원	여기에 성함과 연락처를 써 주세요. 가방을 찾으면 연락드리겠습니다.
	참, 유실물센터 홈페이지에 한번 들어가 보세요. 유실물 사진을 볼 수 있거든요.
줄리	네, 알겠습니다. 홈페이지에 들어가 보겠습니다.

보기	①	②
지하철 7호선에 놓고 내리다	공릉역 화장실에 두고 나오다	2호선 열차 안에 놓고 오다
파랗다/배낭	노랗다/핸드백	까맣다/서류가방
지갑하고 책	핸드폰하고 카메라	USB하고 수첩
유실물 사진을 볼 수 있다	유실물을 검색할 수 있다	잃어버린 물건을 직접 찾을수 있다

2 여러분은 물건을 잃어버린 적이 있습니까? 그때 어떻게 했습니까? 친구와 이야기해 보세요.

질문	나	친구
무엇을 잃어버렸어요?		
언제 잃어버렸어요?		
어디에서 잃어버렸어요?		
물건을 찾기 위해서 어떻게 했어요?		

새단어 열차 | 서류가방 | 수첩

문법과 표현 3

V-는 동안, N 동안

- 제가 밥을 먹는 동안 친구가 기다려 줬어요.
- 영화를 보는 동안 휴대 전화를 꺼 놓으세요.
- 설날 연휴 동안 가족과 즐거운 시간을 보냈어요.

V	받침 ○, ×	먹는 동안 기다리는 동안
N	받침 ○, ×	일주일 동안 휴가 동안

· 만들다 ➡ 만드는 동안

보기 와 같이 이야기해 보세요.

보기

가르갈, 책을 읽다/
줄리, 숙제를 하다

가　자르갈 씨가 책을 읽을 때 줄리 씨는 뭐 했어요?
나　자르갈 씨가 책을 읽는 동안 줄리 씨는 숙제를 했어요.

①

미린 씨, 커피를 마시다/
장홍 씨, 게임을 하다

②

동생, 밥을 먹다/
누나, 텔레비전을 보다

③

아기, 혼자 놀다/
어머니, 요리하다

④

아내, 청소하다/
남편, 설거지를 하다

보기 와 같이 이야기해 보세요.

보기

가　친구를 기다리는 동안 보통 뭐 해요?
나　친구를 기다리는 동안 보통 음악을
　　들어요.

✓ ① **친구를 기다리는 동안 보통 뭐 해요?**
② 지하철을 타고 학교에 오는 동안 뭐 해요?
③ 지금까지 얼마 동안 한국어를 공부했어요?
④ 한국에 사는 동안 뭘 하고 싶어요?
⑤ 방학 동안 뭐 할 거예요?

새단어 설거지(를) 하다

문법과 표현 4

V-아 있다/어 있다

- 학생들이 의자에 앉아 있어요.
- 지갑에 외국인등록증이 들어 있어서 꼭 찾아야 해요.
- 집에 오니까 선물이 도착해 있었어요.

V	ㅏ, ㅗ O	앉아 있다
	ㅏ, ㅗ ×	들어 있다
	하다	입원해 있다

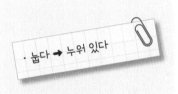

· 눕다 ➡ 누워 있다

보기 와 같이 이야기해 보세요.

보기

꽃병/식탁, 놓이다

가 꽃병이 어디에 있어요?
나 식탁에 놓여 있어요.

①

시계/벽, 걸리다

②

이름표/책상, 붙다

③

폴 씨/침대, 눕다

④

인형/가방, 달리다

친구 방에 무엇이 있습니까? 친구 방에 대해서 듣고 그려 보세요.

방 왼쪽에 침대가
놓여 있어요.

새단어 꽃병 | 놓이다 | 벽 | 걸리다 | 이름표 | 붙다 | 눕다 | 달리다[1]

말하기 2

1 보기 와 같이 이야기해 보세요.

▶ 13-3

보기

미린   여보세요? 거기 105번 버스 분실물센터지요?

직원   네, 맞습니다.

미린   오늘 아침 9시쯤 버스에 물건을 놓고 내렸어요.
　　　혹시 제 물건이 거기에 있는지 알 수 있어요?

직원   네, 어떤 물건을 놓고 내리셨습니까?

미린   줄무늬가 있는 빨간색 우산인데요.

직원   잠시만요. 동그란 이름표가 달려 있는데 맞습니까?

미린   네, 맞아요. 제 거예요.

직원   그럼 신분증을 가지고 오셔서 찾아가시면 됩니다.

미린   알겠습니다. 그런데 언제까지 찾으러 가야 돼요?

직원   7일 동안 보관하니까 그 전에 오시면 됩니다.

보기	①	②
105번 버스	13번 마을버스	대한 택시
버스	마을버스	택시
빨갛다/우산	하얗다/모자	까맣다/선글라스
동그란 이름표가 달리다	세모난 스티커가 붙다	선글라스 케이스에 들다

2 여러분이 물건을 잃어버렸습니다. 분실물센터에 가서 물건의 모양을 이야기해 보세요.

어떻게 오셨습니까?　　　　　우산을 잃어버려서 왔는데요.

우산이 어떻게 생겼습니까?　　빨간색인데 이름표가 달려 있어요.

새단어　보관하다 | 마을버스 | 스티커 | 케이스

듣고 말하기

🌓 여러분은 분실물을 찾는 방송을 들어 봤습니까? 다음을 듣고 대답해 보세요.

1 첫 번째 방송을 듣고 맞는 것을 고르세요.

① 지갑 안에 신분증이 있습니다.　　　② 파란색 지갑을 잃어버렸습니다.

③ 지갑에 세모난 장식이 있습니다.　　　④ 매표소 앞에서 지갑을 흘렸습니다.

2 두 번째 방송에서 찾는 강아지는 무엇입니까?

① 　　② 　　③

🗣️ 공원에서 잃어버린 물건을 찾는 방송을 해 보세요.

분실물: _____	
• 모양	
• 무늬	
• 색	

📢 잃어버린 _____ 을/를 찾습니다.

_____

_____

_____

_____

_____

_____

_____

_____

_____

📖 새단어　방송(을) 하다 | 장식 | 매표소 | 푸들(poodle) | 리본 | 방송실 | 첫 번째 | 두 번째

읽고 쓰기

● 여러분은 잃어버린 물건을 찾는 광고를 써 봤습니까? 다음을 읽고 대답해 보세요.

휴대폰을 찾습니다!

4월 23일 오후 6시쯤 학생회관 1층 휴게실에서 휴대폰을 잃어버렸습니다. 서울전자에서 나온 휴대폰인데 모델명이 'S폰10'이고 까만색입니다.

휴대폰에는 빨간색 하트 모양 스티커가 붙어 있습니다. 휴대폰 안에는 한국 유학 생활 동안 친구들과 찍은 사진들이 들어 있습니다. 그 사진들은 저에게 매우 소중하기 때문에 휴대폰을 꼭 찾아야 합니다.

제 휴대폰을 보시거나 보관하고 계시는 분은 아래에 있는 어학원 사무실로 연락해 주세요.

어학원 사무실: 02) 970-9207

1 글의 내용과 맞으면 ○, 틀리면 ✕ 하세요.

① 어제 점심 때 휴대폰을 잃어버렸습니다.

② 학생회관 휴게실에서 휴대폰을 분실했습니다.

③ 휴대폰 안에는 고향 친구들의 사진이 들어 있습니다.

④ 휴대폰을 보관하고 있는 사람은 어학원 사무실로 가야 합니다.

2 이 사람이 분실물 신고를 하려고 합니다. 글의 내용에 알맞게 써 보세요.

< 분실물 신고 >			
▪ 이름	미린	▪ 연락처	
▪ 분실 날짜			
▪ 분실 장소			
▪ 분실물			
▪ 특징			

새단어 모델명 | 하트(heart) | 소중하다 | 분실하다

13과 가방을 잃어버렸는데 찾을 수 있을까요? · 85

✏️ 여러분이 잃어버린 물건을 찾는 광고를 써 보세요.

① 무엇을 잃어버렸습니까?

② 언제 잃어버렸습니까?

③ 어디에서 잃어버렸습니까?

④ 잃어버린 물건이 어떻게 생겼습니까?

⑤ 왜 그 물건을 찾아야 합니까?

⑥ 연락처

을/를 찾습니다!

📝 경음화 3 🎧 13-5

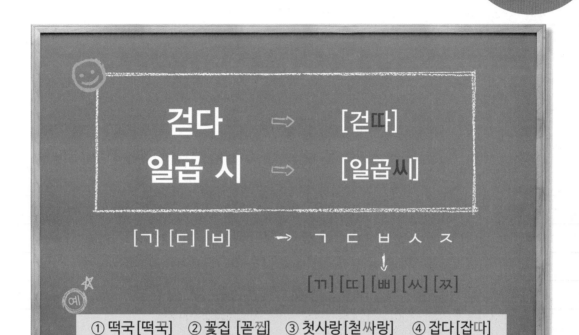

걷다 ⇒ [걷**따**]

일곱 시 ⇒ [일곱**씨**]

[ㄱ] [ㄷ] [ㅂ] ➡ ㄱ ㄷ ㅂ ㅅ ㅈ
↓
[ㄲ] [ㄸ] [ㅃ] [ㅆ] [ㅉ]

① 떡국 [떡꾹]　② 꽃집 [꼳찝]　③ 첫사랑 [첟**싸**랑]　④ 잡다 [잡따]

◑ **들어 보세요.**

① 옷가게 　　　　　　　　　② 수업시간

③ 듣지 마세요 　　　　　　　④ 없어요

◑ **듣고 따라해 보세요.**

① 외국인등록증을 잃어버려서 경찰서에 갔습니다.

② 설날에 아이들은 세뱃돈을 많이 받고 싶어 합니다.

③ 가　몇 시까지 가방을 찾으러 가야 돼요?
　　나　일곱 시까지 오시면 돼요.

④ 가　다음에도 늦게 오면 안 돼요.
　　나　네, 다음에는 늦지 않겠습니다.

📑 새단어　첫 | 사랑 | 잡다

그동안 잘 지냈어?

선 배 자르갈, 오래간만이야. 그동안 잘 지냈어?

자르갈 네, 저는 잘 지내고 있어요. 선배님, 정말 오랜만이에요.
        그동안 어떻게 지내셨어요?

선 배 나는 지금 컴퓨터 회사에서 일하고 있는데 좀 힘들어.
        학교 다닐 때가 좋았어.

자르갈 그래요? 선배님들 만나면 모두 그렇게 말씀하세요.
        전 학교생활도 힘든데요.

선 배 아니야. 자르갈은 회사 생활도 잘할 거야. 한국어도 잘하는
        데 뭐가 걱정이야?

자르갈 아니에요. 모두 선배님 덕분에 대학 생활을 잘하게 됐어요.

선 배 난 도와 준 게 없는데 그렇게 말하니까 기분이 좋네.

자르갈 정말이에요. 처음에는 모르는 게 많아서 고향으로 돌아가
        고 싶었어요. 그때마다 선배님은 가족처럼 도와주셨어요.

선 배 그랬어? 앞으로도 내가 많이 도와줄게.

1. 두 사람은 그동안 자주 만났어요?

2. 자르갈 씨는 누구 때문에 대학 생활을 잘하게 되었어요?

어휘

안부

안부가 궁금하다

안부를 묻다

안부를 전하다

그동안 어떻게 지내셨어요?	별일 없으시지요?
그동안 안녕하셨어요?	고향에 잘 다녀왔어요?
요즘 어떻게 지내요?	방학 잘 보냈어요?

안부 전화를 하다
안부 메시지를 보내다

오래간만에 연락드립니다.

오래간만이에요.(오랜만이에요.)

근황

잘 지내다 별일 없다	그저 그렇다 항상 똑같다	잘 못 지내다 정신없다

가 루카스 씨, 그동안 어떻게 지냈어요?

나 별일 없었어요. 자르갈 씨도 잘 지내지요?

가 네, 저도 잘 지내고 있어요.

관계

학교

4학년 1학년
선배

동기(과 동기)

4학년 1학년
후배

회사

사장님

직장 상사

동료

부하 직원

과장 이한나

문법과 표현 1

A/V-아/어

- 가 선배님, 오늘 바쁘세요?

  나 아니, 안 바빠.

- 가 폴한테도 안부 좀 전해 줘.

  나 그래. 내가 꼭 전해 줄게.

- 가 선우야, 수업 후에 같이 밥 먹을까?

  나 응, 같이 먹어.

- 가 하경아, 빨리 일어나. 너 지각할 것 같아.

  나 큰일났네. 또 수업에 늦겠어.

A/V	ㅏ, ㅗ ○	작아, 와
	ㅏ, ㅗ ✕	재미있어, 먹어
	하다	피곤해, 운동해

- 저, 제 ➡ 나, 내
- __ 씨, ➡ 아/야, 너
- __ 씨의 ➡ 네
- 네 ➡ 응(어)
- 아니요 ➡ 아니

 보기 와 같이 이야기해 보세요.

보기

가 김선우 씨, 요즘 어떻게 지내요?

나 별일 없어요. 폴 씨는요?

가 선우야, 요즘 어떻게 지내?

나 별일 없어. 너는?

① 가 자르갈 씨, 저 사람이 누구인지 알아요?

　나 아니요, 모르겠어요.

　➡ 가

　　나

② 가 어제 제 생일 파티에 왜 안 왔어요?

　나 미안해요. 갑자기 일이 생겨서 못 갔어요.

　➡ 가

　　나

③ 가 곧 시험 기간인데 같이 공부할까요?

　나 좋아요. 같이 공부해요.

　➡ 가

　　나

④ 가 제주도 경치가 아름답지요?

　나 네, 정말 아름답네요.

　➡ 가

　　나

⑤ 가 조엔 씨의 그림은 어디에 있어요?

　나 여기에 없어요. 제가 아직 다 못 그렸거든요.

　➡ 가

　　나

⑥ 가 제가 만든 빵인데 좀 드셔 보세요.

　나 고마워요. 잘 먹을게요.

　➡ 가

　　나

 새단어　너 | 큰일나다

👤💬 보기 와 같이 이야기해 보세요.

보기

> 가 선배님, 안녕하세요?
> 나 응, 안녕?

그래, 잘 가.　　　　✓ **응, 안녕?**　　　　응, 잘 있어.　　　　그래, 많이 먹어.
　　그래, 너도 잘 자.　　　　　　　　응, 너도 잘 있었어?

✓① **선배님, 안녕하세요?**

② 할머니, 안녕히 주무세요.

③ 할아버지, 안녕히 계세요.

④ 그동안 잘 지내셨어요?

⑤ 하경 언니, 안녕히 가세요.

⑥ 어머니, 잘 먹겠습니다.

👤💬 요즘 친구가 어떻게 지내는지 알고 싶습니까? 보기 와 같이 이야기해 보세요.

보기

> 가 지금도 한국어 공부가 어려워?
> 　　　　↓ ○　　　　　↓ ×
> 나 응, 아직도 어려워.　　아니, 지금은 괜찮아.

높임말	
✓① **지금도 한국어 공부가 어려워요?**	② 아르바이트 때문에 많이 바쁘세요?
③ 일하면서 공부하는 게 힘들지 않아요?	④ 지난주에 시험이 있었는데 잘 봤어요?
⑤ 한국어 말하기 대회에 나가기로 했어요?	⑥ 아직 원룸으로 이사 안 했지요?
⑦ 요즘도 케이팝을 자주 들으세요?	⑧ 운동은 날마다 하고 있지요?
⑨ 요즘도 동아리 모임이 자주 있어요?	⑩ ＿＿＿＿＿＿＿＿＿?

📝 새단어 　높임말 | 대회에 나가다

N(이)야

- 가 이게 뭐야?
  나 연필이야.
- 가 안녕? 오래간만이야.
  나 응, 반가워. 별일 없지?

- 가 이 공책 네 거야?
  나 아니, 내 거 아니야. 빅토르 거야.
- 가 형, 내일 뭐 할 거야?
  나 아직 특별한 계획은 없는데.

N	받침 ○	학생이야
	받침 ×	의자야

- N이/가 아니에요 ➡ N이/가 아니야
  V-(으)ㄹ 거예요 ➡ V-(으)ㄹ 거야

보기 와 같이 이야기해 보세요.

보기

가 이 노래를 부른 가수가 누구예요?
나 몰라요. 저도 오늘 처음 듣는 노래예요. ➡ 가 이 노래를 부른 가수가 누구야?
나 몰라. 나도 오늘 처음 듣는 노래야.

① 가 여기가 어학원이에요?
  나 아니요. 어학원이 아니에요. 기숙사예요. ➡ 가
  나

② 가 삼계탕은 뭐로 만든 음식이에요?
  나 닭하고 인삼으로 만든 거예요. ➡ 가
  나

③ 가 드라마에 나오는 곳이 어디예요?
  나 글쎄요. 저도 모르는 곳이에요. ➡ 가
  나

④ 가 주말에 뭐 할 거예요?
  나 집에서 소설책을 읽을 거예요. ➡ 가
  나

친구와 같이 이야기해 보세요.

① 지금 우리 반에서 공부하는 친구가 모두 몇 명이야?
② _____의 생일이 언제야?
③ 시간이 있을 때 뭘 자주 하는 편이야?
④ 내년에 대학생이 되는 사람은 누구야?
⑤ 시험이 끝나면 뭐 할 거야?

말하기 1

1 보기와 같이 이야기해 보세요.

보기

줄리	장홍, 안녕? 오랜만이야.
장홍	응, 반가워. 요즘 어떻게 지내?
줄리	다음 달에 동아리 전시회가 있어서 정신없어. 너는 요즘 어때?
장홍	나는 별일 없어. 한국어 공부가 점점 어렵기는 하지만 다른 나라 친구들을 사귀니까 재미있어.
줄리	잘됐네. 그런데 방학에 뭐 할 거야?
장홍	고향에 갔다 오려고 해. 넌 방학에 특별한 계획 있어?
줄리	아니, 이번 학기에 많이 바빴으니까 집에서 푹 쉴 거야.
장홍	그것도 좋지. 그럼 잘 지내고 다음에 또 봐.
줄리	어, 너도 고향에 잘 다녀와.

보기	①	②
다음 달에 동아리 전시회가 있어서 정신없다	전공 숙제가 많아서 바쁘게 지내고 있다	주말마다 장구를 배우러 다니다
별일 없다	그저 그렇다	항상 똑같다
한국어 공부가 점점 어렵기는 하지만 다른 나라 친구들을 사귀니까 재미있다	아르바이트를 해서 좀 힘들지만 사장님이 잘해 주셔서 괜찮다	너하고 같이 수업을 안 들어서 심심하지만 김 선생님을 다시 만나서 좋다
이번 학기에 많이 바빴으니까 집에서 푹 쉬다	그동안 운동할 시간이 없었으니까 운동하면서 지내다	읽고 싶은 책들이 많아서 도서관에 가서 읽다

2 오랜만에 친구를 길에서 만나면 무슨 이야기를 합니까? 친구와 이야기해 보세요.

정말 오래간만이야. 그동안 어떻게 지냈어?

난 잘 지내고 있어. 넌 어떻게 지내고 있어?

나도 잘 지내. 공부 때문에 스트레스가 좀 있는데 그거 빼고는 다 괜찮아. 너는?

나도 너하고 비슷해. 시험 보고 나면 또 시험이 있어서 요즘 도서관에만 있어.

새단어 장구 | 빼다

V-게 되다

- 한국에 오기 전에는 한국어를 못했는데 지금은 잘하게 됐어요.
- 한국 드라마를 보면 한국문화도 알게 돼요.

- 가 어떻게 우리 학교에 다니게 되었습니까?
- 나 고향 친구가 알려줘서 다니게 되었습니다.

| V | 받침 ○, × | 알게 되다
배우게 되다 |

 보기 와 같이 이야기해 보세요.

보기

가 고향에서도 혼자 살았어요?
나 아니요, 한국에 와서 혼자 살게 됐어요.

혼자 살았다/혼자 살다

①
한국 음식을 먹었다/
한국 음식을 먹다

②
영어를 가르쳤다/
영어를 가르치다

③
한국 뉴스를 들었다/
한국 뉴스를 듣다

④
요리를 자주 했다
/요리를 자주 하다

 보기 와 같이 이야기해 보세요.

보기

가 언제부터 일찍 일어나게 됐어요?
나 회사에 취직하고 나서 일찍 일어나게 됐어요.

전과 다른 것	이유
✓ ① 언제부터 일찍 일어나게 됐어요?	회사에 취직했다
② 언제부터 케이팝을 좋아하게 됐어요?	BTS 음악을 들었다
③ 언제부터 두 사람이 사귀게 됐어요?	문화체험을 같이 갔다 왔다
④ 언제부터 약속 시간에 늦지 않게 됐어요?	늦어서 면접시험을 못 봤다

문법과 표현 4

N 덕분에

- 루카스 씨 덕분에 동아리 활동이 재미있어요.
- 반 친구들 덕분에 유학 생활을 외롭지 않게 보내는 것 같아.

- 가 줄리 씨, 대학원 입학을 축하해요.
- 나 감사합니다. 선생님 덕분에 대학원에 입학할 수 있게 되었습니다.

N	받침 ○, ×	선생님 덕분에 친구 덕분에

 보기 와 같이 이야기해 보세요.

보기

가 이제 한국 음식을 잘 만드네요.
나 네, 한국 친구 덕분에 잘 만들게 됐어요.

한국 음식을 잘 만들다/한국 친구

①
볼링을 잘 치다/
동아리 사람들

②
한국어로 발표를 잘하다/
하경 씨

③
운전을 잘하다/형

④
혼자 잘 걷다/
의사 선생님

 여러분은 친구가 도와줘서 고마운 적이 있습니까? 보기 와 같이 이야기해 보세요.

보기

가 빅토르 덕분에 이사를 잘 했어. 정말 고마워.
나 아니야. 다음에도 내가 도울 일 있으면 말해.

고마운 사람	고마운 일	대답
✓ ① 빅토르	이사를 잘 끝냈다	내가 도울 일 있으면 말하다
② 네	한국 문화를 잘 알게 됐다	알고 싶은 게 있으면 말하다
③ 줄리	놀이공원에 가서 신나게 놀았다	함께하고 싶은 일이 있으면 말하다
④ 선우	한국어능력시험을 잘 볼 수 있었다	부탁할 게 있으면 말하다

새단어 끝내다

말하기 2

1 보기 와 같이 이야기해 보세요.

보기

루카스	선배님, 그동안 안녕하셨어요?
선 배	어, 루카스! 오래간만이야. 잘 지내고 있지?
루카스	네, 교수님께서 졸업한 선배들 소식은 가끔 전해주셨어요.
선 배	그랬어? 난 후배들 소식을 전혀 모르는데. 넌 어떻게 지내?
루카스	저는 항상 똑같아요. 학교 수업 듣고 숙제하고요. 회사 생활은 어떠세요?
선 배	처음에는 힘든 게 많았어. 특히 보고서 쓰는 게 너무 어려웠어.
	그런데 직장 상사 덕분에 이제는 잘 쓰게 됐어. 참, 줄리는 어떻게 지내?
루카스	줄리는 이번에 동아리 회장이 돼서 바쁘게 지내요.
선 배	그래? 이야기 들으니까 보고 싶네. 줄리한테 안부 좀 전해줘.
	루카스, 오늘 만나서 반가웠어.
루카스	네, 저도요. 안녕히 가세요.

보기	①	②
보고서를 쓰는 게 너무 어려웠다	기계를 사용하는 방법을 잘 몰라서 힘들었다	할 일이 많아서 야근을 자주 했다
직장 상사	동료	새로 온 부하 직원
잘 쓰다	사용하는 방법을 잘 알다	야근을 안 하다
줄리	자르갈	선우
이번에 동아리 회장이 되다	대학원 진학을 준비하고 있다	국제 학생회 일이 많다

2 고향 후배와 오랜만에 연락을 했습니다. 다른 후배들의 안부가 궁금합니다. 친구와 이야기해 보세요.

①	②	③	④
인사하기	고향 후배에게 안부 묻기	다른 후배들의 안부 묻기	고향에 있는 친구들의 안부를 선배한테 전하기

새단어 소식 | 보고서 | 기계 | 진학 | 야근

듣고 말하기

● 여러분은 1급 때 공부한 친구들과 자주 연락합니까? 다음을 듣고 대답해 보세요.

1 흐엉 씨는 왜 한국에 다시 왔습니까?

　① 회사 일을 하려고　　　　　　　　② 한국어를 공부하고 싶어서
　③ 한국 친구들과 약속이 있어서　　　④ 한국에 있는 회사에서 일하려고

2 미린 씨는 흐엉 씨를 만난 후에 무엇을 할 겁니까?

_____

3 맞는 것을 고르세요.

　① 미린 씨는 1급에서 공부한 친구들과 자주 모입니다.
　② 장홍 씨와 미린 씨는 2급에서도 같은 반이 되었습니다.
　③ 줄리 씨는 과 동기들 덕분에 한국어를 잘하게 되었습니다.
　④ 흐엉 씨는 1급을 공부하다가 일 때문에 고향으로 돌아갔습니다.

👤💬 여러분은 동창회에서 만난 친구에게 안부를 물어본 적이 있습니까? 친구와 이야기해 보세요.

너 _____(이)지? 정말 오랜만이네.

그동안 어떻게 지냈어?

나는 _____. 아직도 __에서 살아?

응, ___아/야, 넌 옛날하고 똑같아. 반가워.

난 지금 _____. 너는?

응/아니, _____.

요즘 생활
- 하고 있는 일
- 살고 있는 곳
- 전하고 싶은 소식
- 안부가 궁금한 사람

✎ 새단어　동창회

읽고 쓰기

● 여러분은 언제 친구에게 편지를 씁니까? 다음을 읽고 대답해 보세요.

보고 싶은 하경에게

하경아, 안녕? 나 흐엉이야. 그동안 잘 지냈어? 나는 잘 있어.

요즘 한국도 덥지? 여기 하노이는 너무 더워.

내가 고향에 돌아온 지 벌써 1년이 지났어. 난 지금 한국 회사에 취직해서 잘 다니고 있어. 지난달에 회사 일 때문에 한국에 갔는데 명동에서 1급 때 같이 공부한 친구들을 만났어. 모두들 옛날하고 똑같아서 오랜만에 만난 것 같지 않았어. 너도 보고 싶었는데 못 봐서 아쉬웠어.

회사에서 처음 일을 배울 때 내가 실수를 많이 했어. 그때마다 나를 도와준 직장 상사가 있는데 그분을 보면 네가 생각나. 그분도 너처럼 친절하시거든. 너는 나에게 참 잘해준 친구였어. 네 덕분에 한국 문화도 잘 알게 되고 한국 친구들도 사귈 수 있었어. 그래서 한국에서 재미있게 지낸 것 같아. 정말 고마웠어.

이제 곧 방학인데 뭐 할 거야? 혹시 시간이 있으면 베트남에 놀러 와. 내가 너를 위해 맛집하고 좋은 곳을 많이 알아 둘게. 참, 다른 친구들하고는 SNS로 자주 연락하는데 선우 형은 연락이 안 돼서 궁금해. 잘 지내고 있지? 선우 형한테 내 안부 좀 전해줘.

그럼, 오늘은 이만 줄일게. 건강하게 잘 있어!

20○○년 8월 5일

하노이에서 흐엉이

1 누가 누구에게 쓴 편지입니까?

_____

2 글의 내용과 맞으면 ○, 틀리면 × 하세요.

① 김선우 씨는 흐엉 씨에게 안부 메시지를 보냈습니다.

② 흐엉 씨는 지난달에 한국에서 이하경 씨를 만났습니다.

③ 이하경 씨는 흐엉 씨의 직장 상사와 비슷하게 생겼습니다.

④ 흐엉 씨가 한국에 있을 때 이하경 씨가 많이 도와줬습니다.

새단어 이만 | 줄이다 | 하노이

여러분은 감사한 마음을 전하고 싶은 친구가 있습니까? 그 친구에게 편지를 써 보세요.

처음	받는 사람	보고 싶은 에게
	첫인사	
가운데	전하고 싶은 소식	
	감사한 일	
	더 하고 싶은 말	
끝	끝인사	
	날짜	
	보낸 사람	이/가

보고 싶은 　　　　　　　　　　　　　　　　　에게

📝 한국어 인사 표현 '밥'

🌓 한국어에는 '밥'을 사용한 인사 표현이 많습니다. 무슨 뜻일까요?

한국에서 '밥'은 가족의 따뜻한 마음을 느낄 수 있는 단어입니다. 다른 사람과 함께 밥을 먹는 것은 그 사람을 가족처럼 친하고 소중하게 생각하는 것입니다.

만나서 인사할 때
한국 사람들은 만났을 때 "밥 먹었어요?"라고 말합니다. 이 말은 "안녕하세요."와 같습니다.

만나고 헤어질 때
한국 사람들은 헤어질 때 "언제 밥 한번 먹어요."라고 말합니다. 이 말은 "안녕히 가세요."와 같습니다.

고마울 때
한국 사람들은 고마울 때 "나중에 밥 살게요."라고 말합니다. 이 말은 "고맙습니다."와 같습니다.

새단어 표현 | 느끼다

난 이번 방학 때 아르바이트를 할래

들어요 🎧

🎧 15-1

줄 리   기말시험이 끝나면 우리도 4학년이 되네.
        시간 참 빨리 간다.

루카스 그러게. 선배들이 취직 준비한다고 할 때 난 신입생이었는데.

줄 리   곧 방학인데 뭐 할 거야? 다른 친구들은 취직 시험을 준비
        하는 것 같아.

루카스 벌써부터 준비해야 해? 난 이번 방학 때 아르바이트를 할래.

줄 리   일도 하고 시간 날 때 취직도 생각해 봐.

루카스 글쎄. 이번에는 주말에도 일을 해서 바쁠 거야.

줄 리   아르바이트를 두 개나 해? 힘들겠다.

루카스 응, 돈을 모아서 해외여행을 할 거야. 전공이 안 맞아서 여
        행하는 동안 생각해 볼까 해. 넌 대학원에 진학할거야?

줄 리   아니, 선배들이 생각보다 힘든 게 많다고 해서 고민 중이야.

루카스 그래. 아직 시간이 있으니까 천천히 생각해 봐.

1. 두 사람은 무엇을 이야기하고 있어요?

2. 남자는 왜 해외여행을 하려고 해요?

3. 여자는 대학원에 진학하기로 했어요?

어휘

계획

계획을 세우다

계획을 바꾸다

주간 계획표	
일	아르바이트
월	수영
화	동아리 활동
수	수영
목	언어교환
금	수영
토	아르바이트

계획표를 만들다

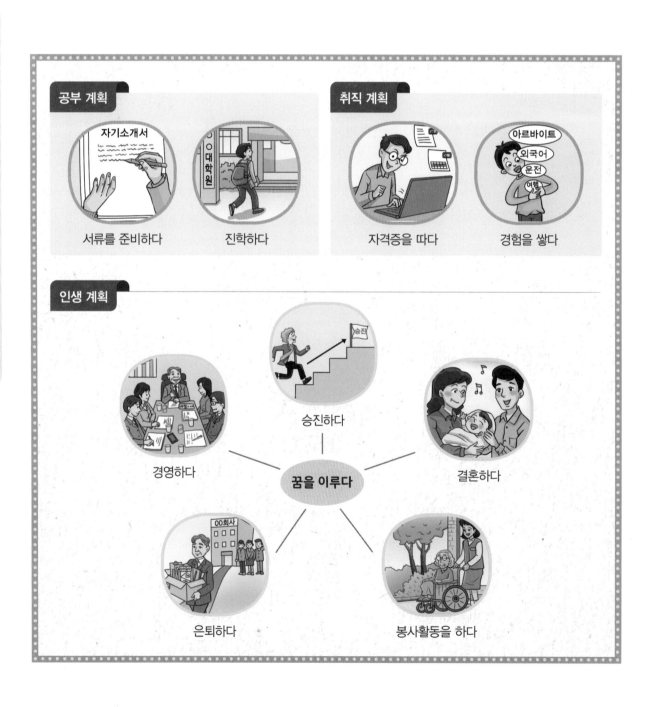

공부 계획

서류를 준비하다

진학하다

취직 계획

자격증을 따다

경험을 쌓다

인생 계획

승진하다

경영하다

꿈을 이루다

결혼하다

은퇴하다

봉사활동을 하다

직업

공무원

은행원

소방관

사업가

번역가

통역사

미용사

변호사

패션 디자이너

연예인

아나운서

관광 가이드

가 자르갈 씨는 꿈이 뭐예요?

나 저는 통역사가 되고 싶어요.

문법과 표현 1

A-다, V-ㄴ다/는다, N(이)다

- 주말이라서 백화점에 사람이 많다.
- 한국어 수업은 9시에 시작한다.
- 내 꿈은 사업가가 되는 것이다.

A	받침 O, X	작다 크다
V	받침 O	먹는다
	받침 X	간다
N	받침 O	방학이다
	받침 X	가수(이)다

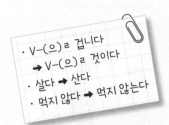

- V-(으)ㄹ 겁니다
  → V-(으)ㄹ 것이다
- 살다 → 산다
- 먹지 않다 → 먹지 않는다

 보기 와 같이 써 보세요.

보기

저는 영어를 가르치는 일이 좋습니다.
나는 영어를 가르치는 일이 좋다.

👩	✍️
① 자르갈 씨는 높은 구두를 자주 신습니다. →	
② 한국에서의 생활은 생각보다 즐겁습니다. →	
③ 오늘 김선우 씨가 행복해 보입니다. →	
④ 음식이 조금밖에 안 남았습니다. →	
⑤ 돈을 많이 벌면 어려운 사람들을 돕고 싶습니다. →	
⑥ 지금 출발하면 비행기를 탈 수 있을 겁니다. →	
⑦ 여기는 제가 졸업한 학교입니다. →	
⑧ 저는 축구를 별로 좋아하지 않습니다. →	

보기 와 같이 이야기해 보세요.

보기

가 태풍 때문에 바람이 많이 불어?
나 응, 정말 많이 분다.

초콜릿이 많아서 너무 달다

정말 많이 불다

이때 엄마한테 많이 혼났다

먹을 때마다 항상 찍다

이번엔 꼭 받았으면좋겠다

화려하고 멋있었다

✓ ① **태풍 때문에 바람이 많이 불어?**   ② 미린이 음식을 먹기 전에 사진을 찍지?
　 ③ 어제 한강에서 불꽃놀이 봤어?　　　　④ 이 사진 속 아이가 너야?
　 ⑤ 이번에도 장학금 신청할 거야?　　　　⑥ 그 케이크 많이 달아?

여러분은 혼자 무슨 생각을 해요? 보기 와 같이 이야기해 보세요.

보기

가 시험을 보는데 어려워. 그러면 무슨 생각을 할까?
나 '시험이 어렵다.' 이렇게 생각할 것 같아. 너는?
다 '아, 큰일났다.' 나는 이렇게 생각할 거야.

질문	나	친구
✓ ① **시험을 보는데 어려워.**	**시험이 어렵다**	**큰일났다**
② 게임을 하는데 계속 지고 있어.	게임 잘하는 사람이다	
③ TV를 보는데 가수가 노래를 불러.	정말 잘 부르다	
④ 공부하다가 창밖을 봤는데 눈이 내려.	와, 눈이 많이 왔다	
⑤ 오늘 아침을 못 먹었는데 벌써 11시야.	맛있는 거 먹고 싶다	

15과 나 어떤 방학 때 아르바이트를 할래 · 109

새단어　태풍 | 화려하다 | 속 | 지다

문법과 표현 2

V-(으)ㄹ래요?

● 가 주말에 시간 있으면 콘서트 보러 갈래요?

　나 좋아요. 같이 가요.

● 가 배고프다. 다 맛있어 보이는데 뭐 먹을래?

　나 나는 비빔밥 먹을래. 너는?

V	받침 ○	앉을래요?
	받침 ✕	쉴래요?

- 만들다 ➡ 만들래요?
- 걷다 ➡ 걸을래요?

 보기 와 같이 이야기해 보세요.

보기

가 이 소설책이 재미있는데 읽을래요?

나 미안해요. 오늘은 피곤해서 쉴래요.

✓① 이 소설책이
재미있는데 읽다

피곤해서 쉬다

② 곧 일이 끝나는데
기다려 주다

약속이 있어서
먼저 가다

③ 이따가 농구하려고
하는데 같이 하다

숙제가 많아서
숙제하다

④ 배가 부른데
좀 걷다

다리가 아파서
여기에 앉아 있다

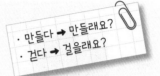 보기 와 같이 이야기해 보세요.

보기

가 기차표를 예매하려고 하는데 어디에 앉을래?

나 창가 자리에 앉을래.

✓① 기차표를 예매하려고 하는데 어디에 앉을래?	☑ 창가 자리	□ 통로 자리	
② 집들이 때 나는 잡채를 만들까 해. 너는 뭐 만들래?	□ 김밥	□ 불고기	□ 떡볶이
③ 내일 몇 시에 한국어를 공부할래?	□ 오후 2시	□ 오후 4시	

새단어 창가 | 통로

말하기 1

1 보기 와 같이 이야기해 보세요.

보기

폴   조엔 씨, 새해가 됐는데 특별한 계획이 있어요?

조엔   네, 전 대학원에 진학하고 싶어서 토픽 시험을 보려고 해요. 폴 씨는요?

폴   저는 건강 때문에 담배를 끊을 거예요.

조엔   그런데 그건 작년에도 말한 것 같은데요.

폴   맞아요. 해마다 세우는 새해 계획인데 잘 지키지 못해요.
        "올해엔 꼭 담배를 끊겠다."라고 결심하지만 항상 못 지켜요.

조엔   저도 그래요. 처음엔 계획표도 만들고 잘 지켜요. 하지만 일주일쯤 지나면 계획을
        바꾸게 돼요.

폴   혼자 하니까 그런 것 같아요. 이번에는 우리 같이 계획을 세울래요?

조엔   좋아요. 계획을 잘 지키고 있는지 서로 확인해 주면서 해요.

폴   네, 올해에는 덕분에 담배를 끊을 것 같아요.

보기	①	②
대학원에 진학하고 싶어서 토픽 시험을 보다	넓은 집으로 이사하기 위해서 돈을 모으다	한국 음식을 좋아해서 한국 요리를 배워 보다
담배를 끊다	다이어트를 하다	술을 안 마시다
계획을 세우다	계획을 지키다	계획표에 맞게 해 보다

2 여러분의 올해 계획은 무엇입니까? 그 계획을 잘 지키고 있습니까? 친구와 이야기해 보세요.

> 와! 벌써 새해가 시작된 지 한 달이 지났다. 시간 참 빠르네. 넌 새해 계획이 있어?

> 어, 있지. 올해에는 컴퓨터 자격증을 딸 거야. 넌?

> 난 한국어 공부를 열심히 할 거야.

> 그건 작년에도 세운 계획인 것 같은데.

⋮   ⋮

| 올해 계획은 무엇입니까? | 계획을 잘 지키고 있습니까? | 잘 지키지 못합니까? 그 이유는 무엇입니까? |

새단어 결심하다 | 서로 | 다이어트(를) 하다

문법과 표현 3

N(이)나

- 친구는 고양이를 다섯 마리나 키워요.
- 다니고 싶은 회사에 두 번이나 떨어졌지만 포기하지 않겠다.

- 가 커피를 더 드릴까요?
  나 아니요, 벌써 세 잔이나 마셨어요.

N	받침 ○	두 시간이나
	받침 ×	한 개나

보기 와 같이 이야기해 보세요.

보기

가 책을 많이 빌렸어요?
나 네, 전공 시험이 있어서 5권이나 빌렸어요.

①
책을 많이 빌렸다/
전공 시험이 있다

②
라면을 많이 먹었다/
배가 고프다

③
버스를 오래 기다렸다/
길이 막히다

④
장미꽃을 많이 샀다/
여자 친구와 사귄 지
100일 되다

보기 와 같이 이야기해 보세요.

보기

가 저는 휴대폰 요금이 한 달에 10만 원쯤 나와요.
나 10만 원이나 나와요? 저는 3만 원밖에 안 나와요.

생각보다 많은 것	생각보다 적은 것
✓① 휴대폰 요금이 한 달에 10만 원쯤 나오다	3만 원
② 날마다 ( )시간쯤 한국어 공부를 하다	
③ 더울 때 아이스크림을 ( )개쯤 먹다	
④ 한국에 산 지 ( )개월 됐다	

새단어 떨어지다

SEOUL TECH 한국어 2B ·

112

문법과 표현 4

A-다고 하다, V-ㄴ다고 하다/는다고 하다

- 폴 씨는 한국 전통 요리에 관심이 많다고 해요.
- 일기예보에서 오늘 오후에 비가 내린다고 합니다.

- 가 빅토르가 요즘 어떻게 지내는지 알아?
- 나 응, 승진 시험 때문에 바쁘게 지낸다고 해.

A	받침 ○, ×	작다고 하다 크다고 하다
V	받침 ○	먹는다고 하다
	받침 ×	간다고 하다

- 살다 ➡ 산다고 하다
- 먹지 않다 ➡ 먹지 않는다고 하다
- 있다/없다 ➡ 있다고 하다/ 없다고 하다

👥 친구가 뭐라고 했어요? 보기 와 같이 이야기해 보세요.

보기

조엔 씨는 일하면서 한국어를 배우는 게 힘들다고 해요.

✓ ①
일하면서 한국어를 배우는 게 힘들어요.

조엔

② 요즘 저는 건강을 위해서 날마다 수영해요.
루카스

③ 몽골에서는 아침을 안 먹었는데 한국에서는 아침을 꼭 먹어요.
자르갈

④
저는 학교 근처에 있는 원룸에서 살아요.

미린

⑤ 한국의 겨울은 고향에 비해서 별로 춥지 않아.

빅토르

⑥ 지난달까지 아르바이트를 했는데 지금은 하지 않아요.

장홍

⑦ 돈을 안 찾아서 지금 10,000원밖에 없어요.

김선우

⑧ 프랑스에서 떡국을 만들어 본 적이 있어요.

줄리

⑨ 요즘 감기가 유행이라서 조심해야 해요.

캐빈

📖 새단어   일기예보 | 유행

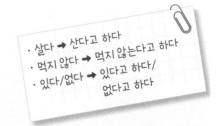

보기 와 같이 이야기해 보세요.

보기

> 가   미린 씨가 축제 때 뭘 한다고 해요?
> 나   베트남 음식을 만들어서 판다고 해요.

새로 나온 휴대폰은 비싸지만 기능은 좋습니다.

아나운서

축제 때 베트남 음식을 만들어서 팔아요.

☑

미린

고향에서 <우리 집>이라는 한국 드라마가 유명해요.

자르갈

대학 졸업 후에 다시 한국으로 유학을 오고 싶어요.

줄리

일요일에만 시간이 있어요.

루카스

저는 홍차를 안 마셔요.

김 선생님

① 줄리 씨가 졸업 후에 뭘 하고 싶다고 해요?

✓ ③ **미린 씨가 축제 때 뭘 한다고 해요?**

⑤ 김 선생님께서 무슨 차를 안 드신다고 하세요 ?

② 자르갈 씨의 고향에서는 무슨 드라마가 유명하다고 해요?

④ 루카스 씨가 언제 시간이 있다고 해요?

⑥ 사람들이 새로 나온 휴대폰이 어떻다고 합니까?

 보기 와 같이 이야기해 보세요.

보기

 자르갈의 꿈이 뭐라고 해?

 자르갈은 통역사가 되고 싶다고 했어.

질문	친구 이름: _____	다른 사람에게 말하세요.
✓ ① **꿈이 뭐예요?**	**통역사가 되고 싶다**	**통역사가 되고 싶다고 했다.**
② 언제 가장 피곤해요?	____-(으)ㄹ 때 가장 피곤하다	
③ 보통 수업 후에 뭐해요?		
④ 요즘 고향 날씨가 어때요?		

→

말하기 2

1 보기 와 같이 이야기해 보세요.

  15-3

보기

신입생　선배님, 안녕하세요? 그런데 많이 피곤해 보여요.

루카스　응, 안녕? 오늘 시험을 3개나 봐야 해서 잠을 거의 못 잤어.

신입생　정말 피곤하시겠어요. 아까 줄리 선배를 만났는데 요즘 과제하고 시험이 많다고 했어요.

루카스　그래? 바쁘게 지내네. 3학년이 되니까 점점 해야 할 게 많은 것 같아.
　　　　참, 곧 방학인데 무슨 계획이 있어?

신입생　글쎄요. 아직 잘 모르겠어요. 대학생의 첫 방학은 어떻게 보내는 게 좋을까요?

루카스　난 여행을 많이 했으면 좋겠어. 학년이 올라가면 점점 더 시간이 없어. 그러니까
　　　　시간 있을 때 여기저기 다녀 봐.

신입생　네, 전 이번 방학에는 그냥 놀까 했는데 그렇게 보내면 안 되겠어요.
　　　　선배님, 좋은 말씀해 주셔서 감사합니다.

보기	①	②
오늘 시험을 3개/봐야 하다	과제 때문에 책을 2권/읽어야 하다	보고서를 20장/써야 하다
줄리 선배	선우 선배	하경 선배
과제하고 시험이 많다	취직 때문에 자격증을 따고 있다	경험을 쌓으려고 가이드 아르바이트를 시작했다
여행을 많이 했으면 좋겠다	하고 싶은 일을 찾아 봤으면 좋겠다	봉사활동을 해 봤으면 좋겠다
여기저기 다녀 보다	계획을 세워 하고 싶은 일을 해 보다	봉사활동을 하면서 네 꿈도 생각해 보다

2 여러분은 방학을 어떻게 보내고 싶습니까? 친구와 이야기해 보세요.

> 방학이 되면 뭐 할 거야?

> 글쎄. 난 아직 계획을 세우지 못했어. 넌?

> 난 방학 때 한국 여기저기를 여행할까 해. 부산 밖에 못 가봤거든.

> 두 곳이나 여행해 봤어? 난 서울만 구경해 봤는데. 한국 친구가 대구도 좋다고 하는데 같이 가 볼래?

새단어　과제 | 그냥 | 대구

듣고 말하기

● 여러분이 좋아하는 운동선수가 있습니까? 다음을 듣고 대답해 보세요.

1 두 사람은 지금 휴대폰으로 뭘 하고 있습니까?

_____

2 잘 듣고 빈칸에 알맞은 말을 쓰세요.

① 이하경 씨는 자르갈 씨에게 손흥민 선수가 축구를 아주 _____ -ㄴ다고/는다고 했다.

② 손흥민 선수의 아버지도 _____ 였다/이었다.

③ 손흥민 선수는 지금 _____ 에서 축구를 하고 있다.

3 맞는 것을 고르세요.

① 루카스 씨의 꿈은 컴퓨터 회사를 경영하는 것입니다.

② 루카스 씨는 꿈을 이루기 위해 열심히 살고 있습니다.

③ 자르갈 씨는 전공 공부가 어려워서 고향으로 돌아갈 겁니다.

④ 자르갈 씨가 하고 싶은 일은 통역사, 관광 가이드, 회사원입니다.

👤💬 여러분 나라의 유명한 사람 중에서 누구를 좋아합니까? 그 사람은 어떤 꿈이 있었습니까? 친구와 이야기해 보세요.

✓운동선수	연예인	사업가	?

몽골에서 유명한 사람 중에서 좋아하는 사람이 누구야?

내가 좋아하는 사람은 _____(이)라고 하는데 _____야/이야.

그 사람은 어떤 사람이야?

지금 _____-고 있는데 사람들이 그 사람은 _____-다고 해.

그 사람은 어떤 꿈이 있었다고 해?

그 사람의 꿈은 _____였다고/이었다고 해.

읽고 쓰기

여러분은 일기를 써 본 적이 있습니까? 다음을 읽고 대답해 보세요.

날짜: 20○○년 9월 8일 수요일   **날씨**: 맑음/흐림/비/눈

제목: 나의 미래

오늘 학교에서 자르갈과 축구 경기를 보다가 서로의 미래 계획을 이야기했다.

나는 아직 하고 싶은 일을 찾지 못했는데 자르갈은 하고 싶은 것이 세 개나 있었다. 나도 자르갈처럼 초등학교 때는 꿈이 많았다. 처음에는 야구를 좋아해서 야구선수가 되고 싶었다. 그 다음에는 경찰관이 멋있어 보여서 꿈을 경찰관으로 바꿨다. 그런데 고등학교에 들어간 후에 컴퓨터 게임을 만드는 일에 관심이 생겼다. 그래서 대학교에서도 컴퓨터공학을 전공하게 되었다. 사실 전공이 재미있기는 하지만 점점 어렵고 나한테 잘 맞지 않는 것 같다.

하지만 부모님께서는 졸업 후에 컴퓨터 회사에 취직하는 것이 좋겠다고 하셨다. 얼마 전에 졸업한 선배에게 내 고민을 이야기한 적이 있다. 그때 선배는 하고 싶은 일을 할 때 가장 행복할 것이라고 했다. 그래서 지금부터 다시 계획을 세우려고 한다. 우선 내가 좋아하는 것과 잘하는 것을 하나하나 써 봐야겠다. 그리고 나에게 맞는 직업을 찾아 봐야겠다. 마지막으로 꿈을 이루기 위해 해야 할 일을 꼼꼼하게 계획할 것이다. 이렇게 하면 꿈을 빨리 찾을 수 있을 것 같다.

1 이 사람은 초등학교 때 꿈이 무엇이었습니까?

_____

2 글의 내용과 맞으면 ○, 틀리면 × 하세요.

① 이 사람은 부모님 때문에 꿈을 바꿨습니다.

② 이 사람은 꿈을 찾기 위해서 다시 계획을 세울 겁니다.

③ 이 사람은 자르갈 씨처럼 지금도 하고 싶은 일이 많습니다.

④ 이 사람은 고등학교를 졸업하고 나서 컴퓨터에 관심이 생겼습니다.

새단어 맑음 | 흐림 | 제목 | 얼마 전 | 고민 | 우선 | 하나하나

✏️ 여러분의 꿈은 무엇입니까? 여러분의 생각을 일기장에 써 보세요.

옛날의 꿈과 지금의 꿈	• _____때의 꿈 : • 지금의 꿈:
그 꿈을 이루고 싶은 이유	
꿈을 이루기 위한 계획	① ② ③

날짜: 20____년____월____일____요일   **날씨:** 맑음/흐림/비/눈

제목: _____

새단어 일기장

구개음화 🎧 15-5

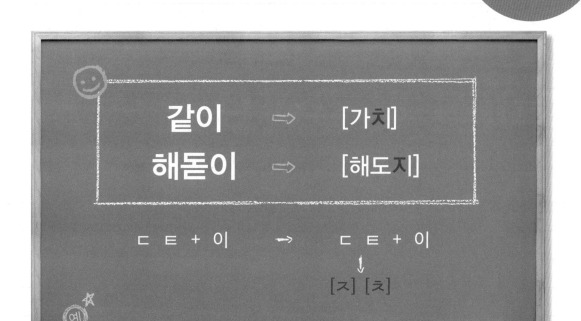

같이 ➡ [가치]

해돋이 ➡ [해도지]

ㄷ ㅌ + 이 ➡ ㄷ ㅌ + 이
↓
[ㅈ] [ㅊ]

예

① 끝이 [끄치]　② 햇볕이 [핻뼈치]　③ 맏이 [마지]

🌓 들어 보세요.

① 끝이　　　② 해돋이　　　③ 밑이　　　④ 맏이

🌓 듣고 따라해 보세요.

① 바깥이 쌀쌀한데 따뜻한 옷을 입고 나가야겠어요.

② 새해에 해돋이를 보러 동해에 가기로 했어요.

③ 가　루카스 씨 지금 뭐 해요?
　나　취직 시험 때문에 계획을 세우고 있어요.
　가　그래요? 저도 취직 시험 준비 중인데 같이 계획을 세워요.

④ 가　아직도 해야 할 일이 많아요?
　나　아니요, 이것만 하면 끝이에요.

새단어　해돋이 | 햇볕 | 맏이 | 동해

한국어 실력이
좋아진 것 같아요

들어요 🎧

🎧 16-1

미린   저는 이 식당이 처음인데 폴 씨는 와 봤어요?

폴   네, 지난 여름에 친구들하고 왔던 식당이에요.
       그 때는 더웠는데 오늘은 춥네요.

미린   날씨가 추워지니까 따뜻한 음식이 먹고 싶어요. 주문 할까요?

폴   좋아요. 저는 김치찌개를 먹을게요.

미린   폴 씨, 한국에 처음 왔을 때는 김치도 못 먹었는데 이제는
       김치찌개도 먹어요?

폴   그럼요. 제가 제일 좋아하는 한국 음식이 김치찌개예요.

미린   정말이에요? 폴 씨가 많이 변했네요. 여기요, 김치찌개
       하나, 설렁탕 하나 주시는데 파는 따로 주세요.

폴   미린 씨, 주문을 정말 잘하네요. 한국어 실력이 좋아졌어요.

미린   아니에요. 말하기는 괜찮은 것 같은데 쓰기는 아직도 어려워요.

· ·

1. 폴 씨는 언제 이 식당에 와 봤어요?

2. 폴 씨는 처음부터 김치찌개를 잘 먹었어요?

3. 미린 씨는 한국어를 공부할 때 뭐가 어려워요?

한국어 공부

한국어를 잘 못하다

실력이 부족하다

예습하다

복습하다

따라하다

단어를 외우다

한국어를 잘하다

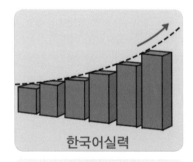

실력이 늘다

성적이 잘 나오다

가 한국어 실력이 많이 늘었네요. 어떻게 공부했어요?

나 매일 단어를 외우고 예습도 했어요.

한국 생활에 대한 느낌

외롭다

낯설다

힘들다

익숙하다

잘 지내다

신나다

정이 들다

아쉽다

그립다

추억을 만들다

기억에 남다

생각이 나다

문법과 표현 1

A-아지다/어지다

- 봄이 되면 낮이 점점 길어져요.
- 친구와 같이 여행을 하고 나서 친해졌어요.

- 가 요즘 건강이 나빠져서 걱정이에요.
- 나 매일 운동을 하면 좋아질 거예요.

A	ㅏ, ㅗ ○	좋아지다
	ㅏ, ㅗ ×	적어지다
	하다	따뜻해지다

- 덥다 ➡ 더워지다
- 다르다 ➡ 달라지다
- 까맣다 ➡ 까매지다

 보기 와 같이 이야기해 보세요.

보기

친구를 많이 사귀다, 재미있다

가 요즘 한국 생활이 어때요?
나 친구를 많이 사귀어서 재미있어졌어요.

① 두통은 좀 어떠세요?

약을 먹다, 괜찮다

② 왜 주소가 달라요?

이사하다,
주소가 다르다

③ 지금 교실이 어때요?

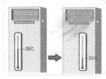

에어컨을 켜다,
시원하다

④ 왜 갑자기 안경을 썼어요?

게임을 많이 하다,
눈이 나쁘다

보기 와 같이 이야기해 보세요.

보기

가 한국에 와서 뭐가 달라졌어요?
나 여러 나라 사람을 만나서 친구가 많아졌어요.

	달라진 것	이유
✓친구	① 많다	여러 나라 사람을 만나다
한국어	②	
외모	③	
건강	④	

SEOUL TECH 한국어 2B ·
124

문법과 표현 2

A/V-았을 때/었을 때

- 저는 어렸을 때 선생님이 되고 싶었어요.
- 학교에 도착했을 때 이미 수업이 끝났어요.

- 가 한국 전통 춤 공연을 본 적이 있어요?
- 나 네, 한국에 살았을 때 한 번 봤어요.

A/V	ㅏ, ㅗ ○	작았을 때, 왔을 때
	ㅏ, ㅗ ×	어렸을 때, 읽었을 때
	하다	도착했을 때

- 춥다 ➡ 추웠을 때
- 만들다 ➡ 만들었을 때
- 듣다 ➡ 들었을 때

 보기 와 같이 이야기해 보세요.

보기

가 한국에 처음 왔을 때 어땠어요?
나 한국에 처음 왔을 때 모든 것이 낯설었어요.

한국에 처음 오다/모든 것이 낯설다

①
처음 월급을 받다/
아주 신나다

②
선생님께 혼나다/
기분이 안 좋다

③
한국어로 말하다가
실수하다/창피하다

④
아픈데 혼자 있다/
외롭다

 보기 와 같이 이야기해 보세요.

보기
가 언제 경찰서에 갔어요?
나 외국인등록증을 잃어버렸을 때
갔어요.

✓ ① 언제 경찰서에 갔어요?
② 교통사고가 났을 때 어디에 전화해야 돼요?
③ 친구와 싸웠을 때 어떻게 화해했어요?
④ 어렸을 때 꿈이 뭐였어요?
⑤ 고등학교에 다녔을 때 뭐가 힘들었어요?

새단어 월급 | 창피하다 | 화해하다

말하기 1

1 보기 와 같이 이야기해 보세요.

 16-2

보기

장 홍   자르갈 씨, 요즘 한국 생활이 어때요?

자르갈   처음에는 힘들었는데 이제는 많이 익숙해졌어요.

장 홍   한국에 온 후에 뭐가 달라졌어요?

자르갈   처음 한국에 왔을 때는 매운 음식을 못 먹었는데 지금은 잘 먹게 됐어요.

장 홍   다행이네요. 저는 아직도 아는 사람이 별로 없어서 외로워요.

자르갈   유학을 온 지 얼마 안 돼서 그래요.

           제가 국제 학생회에서 친구를 많이 사귀었는데 같이 가 볼래요?

장 홍   네, 좋아요. 저도 소개해 주세요.

보기	①	②
익숙하다	괜찮다	편하다
처음 한국에 왔다/ 매운 음식을 못 먹었는데 이제는 잘 먹게 되다	고향에 있었다/ 한국어를 전혀 못했는데 지금은 실력이 늘었다	처음 유학 생활을 시작했다/ 내성적인 편이었는데 지금은 활발해졌다
아는 사람이 별로 없어서 외롭다	한국어를 잘 못해서 한국 생활이 힘들다	수업이 끝나면 할 일이 없어서 심심하다
국제 학생회에서 친구를 많이 사귀었는데 같이 가 보다	버디를 만나서 한국어 연습을 하는데 같이 만나 보다	기타 동아리에서 기타를 치는데 한번 배워 보다

2 여러분은 한국에 와서 무엇이 달라졌습니까? 친구와 이야기해 보세요.

저는 고향에 있었을 때 늦잠을 많이 잤는데 여기에서는 일찍 일어나게 됐어요.

저는 유학을 오고 나서 성격이 달라졌어요. 처음 한국에 왔을 때는 느긋한 성격이었는데 지금은 좀 급해졌어요.

성격   습관   ?

 새단어   다행이다

문법과 표현 3

A/V-기

- 제 취미는 피규어 모으기예요.
- 저는 아침마다 달리기를 하고 있어요.

- 듣기는 쉬운데 쓰기는 어려워요.
- 이 카메라는 크기가 작아서 휴대하기가 편할 거예요.

A/V	받침 O, ×	크기 듣기

 보기 와 같이 이야기해 보세요.

보기

가 내일 고향에 돌아가는데 기분이 어때요?
나 한국을 떠나기가 아쉬워요.

한국을 떠나다, 아쉽다

조용해서 생활하다, 좋다

발이 아파서 걷다, 힘들다

아마 이기다, 어렵다

✓ ① **내일 고향에 돌아가는데 기분이 어때요?**
② 언니, 왜 새 구두를 안 신어?
③ 경기가 5분 남았는데 우리 팀이 이길 수 있을까요?
④ 루카스 씨, 기숙사 1인실은 어때요?

새단어 달리다² | 휴대하다 | 이기다 | 팀

보기 와 같이 이야기해 보세요.

보기

가 줄리 씨, 취미가 뭐예요?
나 저는 드럼 치기를 좋아해요.

저는 드럼을 치다, 좋아하다

친구 수업이 끝나다, 기다리다

손을 씻다, 잘해야 하다

저는 집에 혼자 있다, 좋아하다

✓ ① **줄리 씨, 취미가 뭐예요?**

② 감기를 예방하려면 어떻게 해야 할까요?

③ 선우 씨, 어학원 앞에서 뭐 해요?

④ 왜 밖에 잘 안 나가요?

문법과 표현 4

A/V-았던/었던

- 여기는 제가 어렸을 때 다녔던 학교예요.
- 어제까지 더웠던 날씨가 오늘은 시원하네요.
- 지난번에 만났던 사람을 우연히 또 만났어요.

A/V	ㅏ, ㅗ O	작았던, 앉았던
	ㅏ, ㅗ X	컸던, 읽었던
	하다	조용했던, 일했던

- 덥다 → 더웠던
- 듣다 → 들었던
- 까맣다 → 까맸던

보기 와 같이 이야기해 보세요.

보기

중학교 때 같이 공부했다, 친구이다

가 이 사람이 누구예요?
나 중학교 때 같이 공부했던 친구예요.

① 이 영화 재미있는데 왜 안 봐요?

몇 년 전에 한 번 봤다, 영화이다

② 여기가 어디예요?

어렸을 때 살았다, 집이다

③ 고향이 어떻게 달라졌어요?

옛날에 없었다, 아파트가 생기다

④ 아까 무슨 전화를 받았어요?

1년 전에 퇴직했다, 회사에서 연락이 오다

보기 와 같이 이야기해 보세요.

보기

가 어학원에서 처음 만났던 선생님이 누구예요?
나 제가 처음 만났던 선생님은 김지은 선생님이에요.

✓ ① **어학원에서 처음 만났던 선생님이 누구예요?**
② 처음 먹었던 한국 음식이 뭐예요?
③ 어제 노래방에서 불렀던 노래 제목이 뭐예요?
④ 어제 수업 시간에 배웠던 문법을 다 이해했어요?

새단어 어리다 | 지난번 | 우연히

말하기 2

 16-3

1 보기 와 같이 이야기해 보세요.

> **보기**
>
> 이하경   루카스 씨, 한국 생활을 하면서 실수한 적이 있어요?
>
> 루카스   그럼요. 처음에는 지하철 노선을 잘 몰라서 실수를 많이 했어요.
>
> 이하경   지금도 생각나는 일이 있어요?
>
> 루카스   네, 작년에 지하철을 잘못 타서 약속에 늦었던 일이 생각나요.
>   경복궁에 가야 했는데 3호선을 반대로 타서 고속터미널까지 갔거든요.
>
> 이하경   어머, 그랬어요?
>
> 루카스   지금은 웃으면서 이야기하지만 그때는 대중교통을 이용하기가 참 힘들었어요.
>
> 이하경   하지만 그런 경험 덕분에 루카스 씨가 한국 생활에 익숙해진 것 같은데요.
>
> 루카스   맞아요. 이제는 다 재미있는 추억이 되었어요.

보기	①	②
지하철 노선	한국 문화	높임말과 반말
지하철을 잘못 타서 약속에 늦었다	버스에서 의자에 앉은 아주머니가 제 가방을 가져가서 놀랐다	졸업한 선배를 오래간만에 만났는데 반말을 했다
경복궁에 가야 했는데 3호선을 반대로 타서 고속터미널까지 갔다	아주머니는 저를 도와주려고 했는데 저는 화를 냈다	반가워서 인사를 하고 싶었는데 "잘 지냈어?" 라고 말했다
대중교통을 이용하다	한국 문화를 이해하다	높임말과 반말을 잘 사용하다

2 여러분은 한국에 와서 실수를 한 적이 있습니까? 친구와 이야기해 보세요.

> 빅토르 씨는 한국에서 실수를 한 적이 있어요?

> 네, 있어요. 교통카드에 돈이 없었는데 모르고 그냥 버스를 탔던 적이 있어요.

> 그 다음에 어떻게 되었어요?

> 제 친구가 저 대신 돈을 내 주었어요. 정말 고마웠어요.

> 한국에서 어떤 실수를 했어요?

> 그 다음에 어떻게 되었어요?

 새단어   지하철 노선 | 반대 | 대중교통 | 아주머니 | 놀라다 | 화를 내다 | 반말

듣고 말하기

🌙 **여러분의 한국 생활은 어떻습니까? 다음을 듣고 대답해 보세요.**

1 줄리 씨가 인터뷰에서 이야기하지 않은 것은 무엇입니까?

① 한국에서 기억에 남는 일   ② 한국어를 공부하는 방법

③ 한국에 처음 왔을 때의 느낌   ④ 한국 생활에 익숙해진 방법

2 줄리 씨는 유학생에게 어떤 조언을 했습니까?

① 한국 식당에 갈 때 친구들과 함께 가세요.

② 주말마다 친구들과 한국 여행을 많이 하세요.

③ 동아리나 국제 학생회에 가입해서 활동해 보세요.

④ 한국어 실력이 부족하면 한국 드라마나 영화를 보세요.

3 맞는 것을 모두 고르세요.

① 줄리 씨는 한국에 온 지 일 년이 넘었습니다.

② 줄리 씨는 대학원에서 경영학을 공부하고 있습니다.

③ 줄리 씨는 동아리 활동 덕분에 성격이 활발해졌습니다.

④ 줄리 씨는 처음에 한국의 음식 문화 때문에 놀랐습니다.

🗣️ **여러분은 한국 생활을 잘하기 위해서 어떻게 했습니까? 친구와 같이 이야기해 보세요.**

> 미린 씨, 한국에 살면서
> 뭐가 힘들었어요?

> 그래서 어떤 노력을 했어요?

> 한국어를 잘 못해서 힘들었어요. 특히 단어가
> 너무 많아서 외우기가 어려웠어요.

> 먼저 한국어 수업을 열심히 듣고 발음을
> 따라했어요. 그리고 친구와 이야기하면서
> 알게 된 단어를 공책에 쓰고 외웠어요.
> 그래서 지금은 단어 실력이 많이 늘었어요.

📖 **새단어**   나누다 | 조언

읽고 쓰기

● 여러분은 한 학기를 보내면서 무엇이 가장 기억에 남습니까? 다음을 읽고 대답해 보세요.

제 ○회 K-POP 콘테스트

오늘은 제가 한국에 온 지 6개월이 되는 날입니다. 처음 한국에 왔을 때는 더운 여름이었는데 지금은 추운 겨울이 되었습니다. 한국에서 지내는 동안 많은 일이 있었습니다. 그 중에서 지난 가을에 케이팝 콘테스트에 참가했던 일이 가장 기억에 남습니다. 저와 반 친구들은 콘테스트에 나가기 위해서 2주 동안 춤과 노래를 연습했습니다. 저는 춤을 춰 본 적이 없어서 케이팝 댄스를 배우기가 무척 어려웠습니다. 그래서 연습을 하다가 자주 넘어져서 반 친구들이 많이 웃었습니다. 저녁 늦게까지 연습하고 있었을 때 선생님께서 사 주신 아이스크림은 정말 달고 시원했습니다.

케이팝 콘테스트 날에 저는 친구들과 손을 잡고 "파이팅!"이라고 외쳤습니다. 무대에 올라가기 전에 가슴이 매우 뛰었지만 친구들이 함께 있어서 괜찮았습니다. 우리는 많은 학생들 앞에서 노래를 부르고 신나게 춤도 추었습니다. 실수를 조금 했지만 2등을 했고 상금도 받았습니다. 우리는 그 상금으로 닭갈비를 먹었는데 보통 때보다 닭갈비가 훨씬 더 맛있었습니다. 친구들과 함께 만든 이 추억은 오랫동안 잊지 못 할 겁니다.

시간이 빨리 지나서 벌써 한 학기 공부가 끝났습니다. 정이 들었던 2급 반 친구들과 헤어져야 해서 참 아쉽습니다. 앞으로 선생님과 친구들이 많이 그리울 것 같습니다. 그래서 마지막으로 이 말을 하고 싶습니다.

"선생님, 한 학기 동안 가르쳐 주셔서 정말 감사합니다. 친구들아, 다음 학기에도 같은 반에서 공부했으면 좋겠어. 그리고 다음에 노래 대회가 있으면 또 같이 나가."

새단어 콘테스트(contest) | 무척 | 파이팅(fighting) | 외치다 | 무대 | 올라가다 | 등 | 상금 | 훨씬

1 미린 씨는 왜 이 글을 썼습니까?

① 한 학기를 마치는 느낌을 이야기하려고

② 반 친구들과 선생님께 감사 인사를 하려고

③ 지난 학기에 같이 공부한 친구들을 소개하려고

④ 케이팝 콘테스트를 준비하는 방법을 알려주려고

2 미린 씨에게 가장 기억에 남는 일은 무엇입니까?

_____

3 글의 내용과 맞으면 ○, 틀리면 ✕ 하세요.

① 미린 씨는 지난 겨울에 한국에 왔습니다.

② 미린 씨는 무대에서 춤을 추다가 넘어졌습니다.

③ 미린 씨는 노래를 잘해서 케이팝 콘테스트에 참가했습니다.

④ 미린 씨는 다음 학기에도 친구들을 다시 만나고 싶어 합니다.

한 학기를 보내면서 여러분의 기억에 남는 일은 무엇입니까? 가장 기억에 남는 일을 소개하는 글을 써 보세요.

한국에서 생활한 기간	
기억에 남는 일	① 언제? ② 어디에서? ③ 누구하고? ④ 무엇을?
한 학기를 끝내는 느낌	
친구들에게 하고 싶은 말	

📝 독특한 한국 문화

🌓 여러분은 한국에 처음 왔을 때 무엇을 보고 놀랐습니까? 한국만의 독특한 문화가 무엇인지 함께 알아볼까요?

'빨리 빨리'

한국 사람은 어떤 일을 할 때 '빨리 빨리' 서두릅니다. 음식도 빨리 먹고 일도 빨리 하고 인터넷도 아주 빠르지요.

'진동벨'

한국에서는 식당에 가면 진동벨이 있습니다. 직원을 부르고 싶을 때 이 진동벨을 사용합니다.

'음식을 가위로'

한국에서는 냉면을 먹거나 고기를 먹을 때 가위로 자릅니다. 그리고 요리를 할 때도 가위를 자주 사용합니다. 여러분 나라에서도 음식을 먹거나 요리할 때 가위를 씁니까?

새단어 독특하다 | 진동벨

모범 답안

Unit 9 남동생이 모델처럼 멋있게 생겼어요

◉ 듣고 말하기   p.26

1 ②

2 ①, ②

3 장홍 씨가 다른 사람을 편하게 해 줘서 잘 어울
  립니다.

◉ 읽고 쓰기   p.27

1 ① 활발하고 재미있습니다.
  ② 말이 없고 부지런합니다.
  ③ 서두르지 않고 꼼꼼합니다.
  ④ 급하고 꼼꼼하지 않습니다.

2 ① (×)   ② (×)   ③ (○)   ④ (○)

Unit 10 날마다 산책이나 운동을 해 보는 게 어때요?

◉ 듣고 말하기   p.40

1 ④

2 영양제를 먹고, 비타민이 많은 과일, 채소를 먹
  습니다.

3 ②

◉ 읽고 쓰기   p.41

1 건강에 좋은 생활 습관을 소개한 글입니다.

2 ① (×)   ② (○)   ③ (×)   ④ (○)

3 ③

Unit 11 추석에 먹을 음식을 많이 준비해 놓았어요

◉ 듣고 말하기   p.56

1 ③, ④

2 ①

3 ②

◉ 읽고 쓰기   p.57

1 ②

2 ① 차례, 세배, 전통놀이 ② 떡국

3 ① (○)   ② (×)   ③ (×)   ④ (○)

Unit 12 바쁘겠지만 꼭 오기를 바라요

◉ 듣고 말하기   p.70

1 화분을 선물하려고 합니다.

2 ③, ④

3 ②

◉ 읽고 쓰기   p.71

1 미린 씨를 국제 학생 모임에 초대하려고 이메
  일을 썼습니다.

2 ① (×)   ② (○)   ③ (○)

Unit 13 가방을 잃어버렸는데 찾을 수 있을까요?

◉ 듣고 말하기   p.84

1 ②

2 ②

◉ 읽고 쓰기   p.85

1 ① (×)   ② (○)   ③ (×)   ④ (×)

2

< 분실물 신고 >			
▪이름	미린	▪연락처	02) 970-9207
▪분실 날짜	4월 23일		
▪분실 장소	학생회관 1층 휴게실		
▪분실물	휴대폰		
▪특징	까만색, 서울전자 휴대폰 모델명 'S폰10', 빨간색 하트 모양 스티커가 붙어 있습니다.		

Unit 9 남동생이 모델처럼 멋있게 생겼어요

p.26

여자 장홍 씨는 어떤 사람을 좋아하세요?

남자 저는 외향적이고 착한 사람을 좋아해요. 저하고 취미가 같으면 더 좋고요.

여자 외모는 어떻게 생겼으면 좋겠어요?

남자 음, 눈이 크고 머리가 길었으면 좋겠어요. 그런데 왜요?

여자 제가 장홍 씨한테 여자 친구를 소개해 주려고요.

남자 어떤 사람인데요?

여자 제 친구인데 얼굴도 예쁘고 천사처럼 착해요. 처음 만나면 조용해 보이지만 사실은 활발한 친구예요.

남자 그래요? 정말 제 이상형이네요.

여자 그 친구도 장홍 씨처럼 노래 부르는 것을 좋아하니까 취미도 같네요.

남자 와, 좋아요. 그런데 제가 말이 없는 편인데 괜찮을까요?

여자 걱정하지 마세요. 장홍 씨는 다른 사람을 편하게 해 주니까 제 친구하고 잘 어울릴 거예요.

남자 그럼 자르갈 씨 친구를 한번 만나 볼게요.

여자 좋아요. 이번 주말 어때요?

남자 토요일에는 아르바이트가 있고 일요일에는 괜찮아요.

여자 그럼, 제 친구하고 약속을 정해서 연락할게요.

Unit 10 날마다 산책이나 운동을 해 보는 게 어때요?

p.40

여자 안녕하세요? '건강한 아침'의 이수민입니다. 여러분, 오늘 아침에도 일어나실 때 힘드셨습니까? 오늘도 저와 함께 건강한 하루를 만들어 봅시다. 오늘은 영화배우 김재석 씨와 함께하겠습니다. 김재석 씨, 안녕하세요?

남자 네, 안녕하세요?

여자 저희 방송에 나와 주셔서 감사합니다. 아침 7시 라디오라서 오늘은 일찍 일어나셨겠어요.

남자 아니요, 저는 날마다 오전 5시에 일어납니다.

여자 일찍 일어나시네요. 그래서 김재석 씨가 건강하신 것 같아요. 건강을 지키기 위해서 특별히 하시는 게 있으세요?

남자 특별한 건 없어요. 그런데 저는 아침에 일찍 일어나려고 밤 10시 전에는 자요. 옛날에는 새벽 1시쯤 자고 다음 날에 12시쯤 일어났는데 하루가 아주 피곤했어요.

여자 일찍 자고 일찍 일어나는 것은 참 좋은 습관인 것 같아요. 그럼 피곤하실 때 드시는 음식이 있으세요?

남자 저도 다른 사람들처럼 영양제를 먹어요. 그리고 아침마다 비타민이 많은 과일하고 채소를 먹어요. 또 제가 눈이 안 좋아서 당근이나 블루베리는 꼭 먹어요.

여자 건강을 정말 중요하게 생각하시는 것 같아요.

남자 맞아요. 제가 오랫동안 영화배우를 하려면 건강하게 지낼 수밖에 없어요.

여자 그럼요. 건강이 제일 중요하지요. 지금 김재석 씨 팬 분이 문자 메시지를 보내셨어요. 제가 읽어 드릴게요. '재석 오빠, 저도 요즘 많이 피곤했는데 내일부터 오빠처럼 아침마다 과일하고 채소를 꼭 먹어야겠어요. 항상 건강하게 지내세요!' 이렇게 보내주셨어요.

남자 감사합니다. 메시지를 보니까 더 힘이 나네요. 앞으로 더 건강하게 살아야겠어요.

여자 네, 좋은 생각이네요. 그럼 잠시 음악을 듣고 다시 이야기해 보겠습니다.

Unit 11 추석에 먹을 음식을 많이 준비해 놓았어요

p.56

여자 빅토르 씨, 추석 연휴 잘 보냈어요?

남자 네. 저는 친구들하고 한옥 마을에 가고 집안 일도 하면서 보냈어요. 조엔 씨는 뭐 했어요?

여자 저는 선우 씨가 초대해 줘서 선우 씨 집에서 추석을 보냈어요.

남자 한국 사람들과 함께 전통 명절을 보냈네요. 좋은 경험이었겠어요.

여자 네, 선우 씨 가족들을 만나서 송편도 먹고 윷놀이도 했어요.

남자 가족들이 많이 모였나요?

여자 네, 할아버지, 할머니도 계셨고 친척들도 많 이 오셨어요. 그런데 선우 씨 가족들 얼굴과 목소리가 모두 비슷했어요.

남자 그랬어요? 재미있네요. 거기에서 또 뭘 했어 요?

여자 송편을 만들었어요. 선우 씨 어머니께서 저를 위해서 송편 재료를 준비해 놓으셨어 요. 저한테 송편 만드는 방법도 가르쳐 주 셨고요.

남자 송편을 직접 만들어 보니까 어땠어요?

여자 만드는 방법은 쉬웠어요. 하지만 선우 씨는 예쁘게 만들었는데 저는 그렇게 못 했어요.

남자 그래요? 저도 송편을 만들어 보고 싶어요.

여자 그럼 제가 만드는 방법을 가르쳐 줄게요. 이 번 주말에 같이 만들까요?

남자 좋아요. 준비할 재료를 알려주면 제가 장을 봐 놓을게요.

Unit 12 바쁘겠지만 꼭 오기를 바라요

p.70

여자 루카스 씨, 이번 주 금요일에 조엔 씨 집들 이에 가지요?

남자 네. 그런데 집들이 선물로 뭐가 좋을까요?

여자 글쎄요, 한국 사람들은 보통 세제나 휴지를 많이 가지고 가요.

남자 그건 이미 많이 받았을 것 같아요.

여자 그럼 조엔 씨가 나무를 좋아하니까 화분은 어 떨까요? 나무가 집에 있으면 공기도 깨끗하게 해 주니까요.

남자 좋은 생각이네요. 저는 화분을 준비하겠어 요. 하경 씨는 무슨 선물을 할 거예요?

여자 저는 향초를 선물하려고 해요.

남자 향초요? 무슨 특별한 이유가 있어요?

여자 지금은 볼 수 없지만 옛날 한국 사람들은 집들 이 선물로 초를 많이 줬어요. 불처럼 좋은 일이 많이 일어나기를 바라서 선물했어요.

남자 재미있네요. 그래서 하경 씨도 향초를 선물 하는 거예요?

여자 네, 향초는 냄새도 좋고 집 분위기도 좋게 만들 거든요.

남자 그럼 휴지나 세제를 선물하는 것도 어떤 의 미가 있어요?

여자 네, 부자가 되기를 바라는 마음으로 선물해요.

남자 정말 한국 사람들은 마음이 따뜻한 것 같아요.

Unit 13 가방을 잃어버렸는데 찾을 수 있을까요?

p.84

방송1 지갑 주인을 찾습니다. 물방울무늬가 있는 파란색 지갑입니다. 네모난 장식이 붙어 있 고 신용카드와 가족사진이 들어 있습니다. 이 지갑을 잃어버리신 분은 매표소로 오시 기 바랍니다.

방송2 강아지를 찾습니다. 작은 하얀색 푸들입니 다. 눈이 갈색이고 동그랗습니다. 머리에는 노란색 리본을 하고 목에는 빨간색 목걸이 를 하고 있습니다. 다리가 길고 꼬리가 짧은 강아지입니다. 이 강아지를 보시거나 데리 고 계신 분은 방송실로 연락해 주시기 바랍 니다.

Unit 14 그동안 잘 지냈어?

p.99

남자 어! 미린아, 안녕! 정말 오랜만이야.

여자 어머! 흐엉, 그동안 잘 지냈어? 우리 정말 오랜만에 보네. 그런데 너 고향에 간 거 아니야?

남자 맞아. 고향에 가서 지내다가 지난주에 한국에 왔어.

여자 그럼 다시 한국에서 공부할 거야?

남자 아니, 작년에 한국 회사에 취직했어. 그래서 회사 일 때문에 잠깐 한국에 왔어.

여자 와, 취직한 거 축하해! 이제는 한국어 잘하겠네.

남자 여기에서 1급만 배우고 갔는데 잘 못하지. 하지만 한국인 동료들 덕분에 전보다 한국어를 잘하게 됐어. 넌 어떻게 지내?

여자 난 계속 어학원에서 공부하고 있어.

남자 그러면 다른 친구들도 자주 봐?

여자 아니, 장홍만 같은 반에서 공부해. 그래서 다른 친구들은 자주 못 봐. 특히 줄리는 과 동기들하고 어울려서 어학원에서 거의 볼 수 없어.

남자 하하, 줄리는 1급 때도 그랬어. 줄리 옆에는 항상 친구들이 많았지. 다들 보고 싶네.

여자 그럼 너 가기 전에 다 같이 볼까?

남자 좋아. 난 일요일에 돌아가니까 토요일에 보면 좋겠어.

여자 알았어. 내가 다른 친구들한테 연락해 볼게.

남자 응, 고마워. 연락 기다리고 있을게.

Unit 15 난 이번 방학 때 아르바이트를 할래

p.116

여자 루카스, 휴대폰으로 뭘 보고 있어?

남자 축구 경기야. 자르갈, 너도 같이 볼래?

여자 좋아. (경기를 보면서) 어, 이 선수는 나도 본 적이 있는 것 같은데.

남자 손흥민 선수야.

여자 맞아. 전에 하경이하고 스포츠 뉴스를 봤는데 그때 이 선수가 나왔어. 하경이가 이 사람은 지금 영국에서 축구를 하고 있는데 아주 잘한다고 했어.

남자 응. 그래서 나도 이 선수를 좋아해. 그런데 손흥민 선수의 아버지도 축구선수였다고 해.

여자 그럼 아버지가 아들한테 축구를 잘 가르쳐 줬겠다.

남자 어, 아버지 덕분에 손흥민 선수도 초등학교 때부터 꿈이 축구선수였어.

여자 꿈을 이루었네. 멋있다.

남자 그렇지. 꿈을 이루기 위해서 많은 노력을 했을 거야. 나도 내 꿈을 위해 노력해야 하는데 잘 안돼.

여자 나도 그래. 그런데 넌 꿈이 뭐야?

남자 고등학교 때는 게임을 만드는 사람이 되고 싶었어. 하지만 지금은 전공 공부가 어려워서 다른 걸 알아보고 있어. 네 꿈은 뭐야?

여자 난 통역사가 되고 싶은데 여행을 좋아해서 관광 가이드도 괜찮을 것 같아. 또, 내 전공이 경영학이니까 회사에 취직하는 것도 좋을 것 같고.

남자 와, 꿈이 세 개나 되네. 꿈이 많은 네가 부럽다.

여자 아니야. 나도 아직 결정을 못 했어. 하지만 우리 둘 다 꿈을 꼭 이루었으면 좋겠어.

Unit 16 한국어 실력이 좋아진 것 같아요

p.131

남자 오늘은 교환학생 줄리 씨의 한국 생활을 들어 보겠습니다. 안녕하세요? 줄리 씨, 먼저 자기소개를 해 주시겠어요?

여자 저는 프랑스에서 온 줄리라고 합니다. 작년 8월에 한국에 왔고 건축학을 공부하고 있어요.

남자 그럼 한국에 온 지 거의 1년이 다 되었는데 요즘 한국 생활은 어떠세요?

여자 처음 왔을 때는 외롭고 가족이 많이 그리웠는데 지금은 한국 생활이 재미있어서 고향 생각이 거의 안 나요.

남자 그래요? 어떻게 한국에서 잘 지내게 되셨어요?

여자 저는 영화에 관심이 많아서 한국 영화 동아리에 들어갔어요. 동아리 친구들 덕분에 한국 문화도 이해하게 되고 성격도 활발해졌어요.

남자 친구들에게 고맙겠어요. 줄리 씨, 한국에서 생활하면서 가장 기억에 남는 일이 뭐예요?

여자 처음으로 한국 친구들과 식사를 했던 일이 가장 기억에 남아요. 제가 주문한 음식을 한국 친구가 말도 없이 먹어서 놀랐거든요. 프랑스에서는 자기가 주문한 음식만 먹는데 한국에서는 음식을 같이 나누어 먹었어요.

남자 네, 두 나라의 음식 문화가 많이 다르네요.

여자 맞아요. 음식을 나누어 먹는 게 처음에는 이상했어요. 그런데 요즘은 여러 음식을 먹을 수 있고 친구와 더 친해지는 것 같아서 좋아요.

남자 하하하, 같이 먹으면 더 맛있지요. 줄리 씨, 혹시 유학생들에게 하고 싶은 말이 있으세요?

여자 보통 처음 한국에 오면 한국어 실력이 부족하기 때문에 친구를 사귀기가 힘들어요. 그래서 혼자 지내는 유학생이 많은 것 같아요. 저는 이런 친구들이 동아리나 국제 학생회에서 활동했으면 좋겠어요. 그러면 친구도 많아지고 좋은 추억도 만들게 되거든요.

남자 좋은 말씀이네요. 오늘 인터뷰해 주셔서 감사합니다.

문법 설명

Unit 9 남동생이 모델처럼 멋있게 생겼어요

1 N처럼

명사와 결합하여 모양이나 행동이 앞의 명사와 비슷하거나 동일함을 나타낼 때 사용한다.

2 A-게

형용사와 결합하여 뒤에 나오는 행동의 정도나 방법을 나타낼 때 사용한다.

3 A-아 보이다/어 보이다

형용사와 결합하여 어떤 대상을 보고 추측하거나 판단한 내용을 말할 때 사용한다. 형용사 어간의 모음이 'ㅏ, ㅗ'로 끝나면 '-아 보이다', 그 외의 모음으로 끝나면 '-어 보이다'가 붙는다. 형용사가 '하다'로 끝나면 '해 보이다'가 붙는다.

4 A-(으)ㄴ 편이다, V-는 편이다

동사, 형용사와 결합하여 어떤 사실을 단정적으로 말하기보다 대체로 어떤 쪽에 가깝다고 말할 때 사용한다. 형용사의 어간에 받침이 있으면 '-은 편이다', 받침이 없으면 '-ㄴ 편이다'가 붙으며 동사의 어간에는 '-는 편이다'가 붙는다.

Unit 10 날마다 산책이나 운동을 해 보는 게 어때요?

1 N마다

시간이나 장소를 나타내는 명사와 결합하여 '빠짐없이, 모두'의 뜻을 나타내거나 어떤 상황이 반복될 때 사용한다.

2 V-아야겠다/어야겠다

동사와 결합하여 말하는 사람이 앞으로 어떤 것을 할 것이라는 강한 의지를 나타낼 때 사용한다. 또한 어떤 목적을 위해 어떤 일을 꼭 해야 한다는 의미를

나타낼 때 사용한다. 주로 구어에서 사용한다. 동사 어간의 모음이 'ㅏ, ㅗ'로 끝나면 '-아야겠다', 그 외의 모음으로 끝나면 '-어야겠다', '하다'로 끝나면 '해야겠다'로 바뀐다.

V-아야겠다/어야겠다	V-아야하다/어야하다 (1B 12과)
구체적인 상황에서 말하는 사람의 의지를 나타낼 때 사용한다.	예절이나 규칙 등과 같이 대부분의 사람들이 일반적으로 지켜야 한다고 생각하는 것에 사용한다.
예) 공항까지 2시간 걸리니까 지금 출발해야겠어요.	예) 교실에서는 한국어로 이야기해야 해요.

3 V-기 위해(서)

동사와 결합하여 어떤 일을 하는 목적이나 의도를 나타낼 때 사용한다. '서'를 생략하고 '-기 위해'로 줄여서 사용할 수도 있다. 'V-(으)려고(1과)' 보다 문어적이므로 공식적인 상황이나 글에서 사용하는 것이 좋다.

4 A/V-(으)ㄹ 수밖에 없다

동사, 형용사와 결합하여 다른 방법이 없거나 당연한 결과임을 나타낼 때 사용한다. 동사, 형용사의 어간에 받침이 있으면 '-을 수밖에 없다', 받침이 없거나 'ㄹ' 받침이 있으면 '-ㄹ 수밖에 없다'가 붙는다.

Unit 11 추석에 먹을 음식을 많이 준비해 놓았어요

1 A-(으)ㄴ데, V-는데²

동사, 형용사와 결합하여 앞 문장의 내용에 대해 예상 밖의 상황이 오거나 반대되는 사실이 뒤 문장에 올 때 사용한다. 대조의 의미를 강조하기 위해 조사 '은/는'을 사용하는 경우가 많다. 형용사는 어간에 받침이 있으면 '-은데', 받침이 없거나 'ㄹ' 받침이 있으면 '-ㄴ데'가 붙는다. 동사는 어간의 받침 유무

와 관계없이 '-는데'가 붙는다.

◉ 2 V-(으)면서

동사와 결합하여 두 개의 동작이 동시에 일어남을 나타낼 때 사용한다. 앞, 뒤 문장의 주어가 같아야 하며 주어는 앞에 한 번만 나와야 한다. 과거 시제를 나타내는 '-았/었-'과 함께 사용할 수 없다. 동사 어간에 받침이 있으면 '-으면서', 받침이 없거나 'ㄹ' 받침이 있으면 '-면서'가 붙는다.

◉ 3 V-(으)ㄹ

동사와 결합하여 명사를 수식한다. 수식을 받는 명사의 동작이 미래에 일어날 때 사용한다. 추측, 예정, 가능성에 대해서도 이야기할 수 있는데 추측을 나타내는 경우 과거 시제를 나타내는 '-았/었-'과 함께 사용할 수 있다. 동사 어간에 받침이 있으면 '-을', 받침이 없거나 'ㄹ' 받침이 있으면 '-ㄹ'이 붙는다.

◉ 4 V-아 놓다[두다]/어 놓다[두다]

동사와 결합하여 어떤 행동을 한 결과 그 상태를 유지함을 나타낼 때 사용한다. 또한 가까운 미래의 일을 대비하여 어떤 행동을 미리 준비함을 나타낼 때도 사용한다. '놓다' 동사를 사용할 때는 'V-아/어 놓아 두다'의 형태로 사용한다. 동사 어간의 모음이 'ㅏ, ㅗ'로 끝나면 '-아 놓다[두다]', 그 외의 모음으로 끝나면 '-어 놓다[두다]'가 붙는다. 동사가 '하다'로 끝나면 '해 놓다[두다]'가 붙는다.

Unit 12 바쁘겠지만 꼭 오기를 바라요

◉ 1 A/V-거든요

동사, 형용사와 결합하여 앞에서 말한 내용에 대해 말하는 사람 자신이 생각한 이유를 밝힐 때 사용한다. 상대방이 모르는 이유를 설명할 때 사용하는 종결어미로 서술문에만 쓰인다.

◉ 2 V-겠-(의지)

동사와 결합하여 말하는 사람의 의도나 의지를 나타낼 때 사용한다. 이때 주어는 일인칭(나, 저, 우리)이다.

◉ 3 A/V-(으)ㄹ 것 같다

동사, 형용사와 결합하여 동작이나 상태를 추측하여 말할 때 사용한다. 또한 말하는 사람 자신의 생각이나 의견을 강하게 주장하지 않고 겸손하게 말할 때도 사용한다. 동사나 형용사의 어간에 받침이 있으면 '-을 것 같다', 받침이 없으면 '-ㄹ 것 같다'가 붙는다. 과거나 완료된 일을 추측할 때는 '-았/었을 것 같다'를 사용한다.

◉ 4 A/V-기를 바라다

동사, 형용사와 결합하여 말하는 사람의 희망을 표현할 때 사용한다.

Unit 13 가방을 잃어버렸는데 찾을 수 있을까요?

◉ 1 'ㅎ' 불규칙

형용사의 어간이 'ㅎ'으로 끝나는 경우, '으로 시작하는 어미가 오면 'ㅎ'과 어미의 '으'가 탈락한다. '-아/어-'로 시작하는 어미가 올 경우에는 'ㅎ'이 탈락하고 어미 '-아/어-'는 '애'로 '-야-'는 '얘'로 바뀐다. 형용사 '좋다, 싫다'와 동사 '놓다, 넣다, 쌓다' 등은 규칙 활용을 한다.

◉ 2 V-아 버리다/어 버리다

동사와 결합하여 원하지 않은 결과가 되었거나 의도적으로 어떤 행위를 다 끝내서 시원한 느낌을 나타낼 때 사용한다. 동사 어간의 모음이 'ㅏ, ㅗ'로 끝나면 '-아 버리다', 그 외의 모음으로 끝나면 '-어 버리다'가 붙는다. 동사가 '하다'로 끝나면 '해 버리다'가 붙는다. '잊다'와 '잃다'의 결합 형태인 '잊어버리다'와 '잃어버리다'는 한 단어로 사용된다.

3 V-는 동안, N 동안

동사와 결합하여 어떤 행위가 계속되는 전체 시간에 걸쳐 다른 일이 이루어짐을 나타낸다. 명사와 결합하면 어떤 행위나 상태가 계속되고 있는 기간을 의미한다.

4 V-아 있다/어 있다

동사와 결합하여 어떤 행동이 끝난 결과 그 상태가 지속됨을 나타낼 때 사용한다. 동사 어간의 모음이 'ㅏ, ㅗ'로 끝나면 '-아 있다', 그 외의 모음으로 끝나면 '-어 있다'가 붙는다. 동사가 '하다'로 끝나면 '해 있다'가 붙는다. 행동이 끝나고 그 결과가 계속 지속되는 의미의 동사와만 결합하므로 '보다, 공부하다' 등의 동사와는 결합하지 않는다. 또한 '입다, 벗다, 신다' 등의 착용동사와 결합하지 않는다.

1 A/V-아/어

동사, 형용사와 결합하여 친한 사람이나 가까운 사람에게 쓰는 비격식체 반말이며 문장의 종결을 나타낼 때 사용한다. 반말의 종결어미는 해요체의 '-아요/어요'에서 '-요'를 제외한 형태로 사용한다. 동사, 형용사 어간의 모음이 'ㅏ, ㅗ'로 끝나면 '-아', 그 외의 모음으로 끝나면 '-어', '하다'로 끝나면 '해'가 붙는다. 비격식체 반말은 서술, 질문, 명령, 청유의 형태로 사용할 수 있다. 그리고 명령, 청유의 형태는 동사와만 결합하는데 명령형 'V-지 마세요'는 'V-지 마'로 바뀐다. 또한 높임말에서 상대방의 이름을 부를 때 주로 '＿＿＿＿ 씨'를 사용하는데 반말에서는 이름 뒤에 '아', '야'를 붙여서 사용한다. 이름에 받침이 있으면 '아', 받침이 없으면 '야'를 붙이지만 영어권 화자의 경우에는 이름만 사용하는 경우가 많으므로 상황에 따라 적절하게 사용해야 한다.

2 N(이)야

명사와 결합하는 비격식체 반말이다. 명사에 받침이 있으면 '이야', 받침이 없으면 '야'가 붙는다.

3 V-게 되다

주어의 의지나 희망과는 상관없이 다른 사람의 동작이나 외부적인 영향에 의해 어떤 상황에 이르게 됐을 때 사용한다.

4 N 덕분에

주로 '선생님' 등과 같이 사람을 나타내는 명사 뒤에 붙어서 감사하는 이유나 좋은 일이 생긴 이유를 나타낸다. 이때 명사는 생략할 수도 있는데 구어에서만 사용한다.

1 A-다, V-ㄴ다/는다, N(이)다

격식체 반말 어미로 주로 현재의 사실이나 행위를 나타내면서 문장을 종결할 때 사용한다. 신문 기사, 책, 일기 등에서 서술할 때 사용한다. 또한, 아랫사람이나 친한 친구 사이에서 말할 때 사용한다. 형용사는 어간 뒤에 '-다'를 붙이고 동사는 어간에 받침이 있으면 '-는다', 받침이 없으면 '-ㄴ다'를 붙인다. 명사에 받침이 있으면 '이다', 받침이 없으면 '(이)다'를 붙인다. 격식체 반말은 서술, 질문, 명령, 청유에서 모두 사용할 수 있는데 문장의 형태에 따라 달라진다.

2 V-(으)ㄹ래요?

동사와 결합하여 말하는 사람의 의향을 표현하거나 듣는 사람의 의향을 물을 때 사용한다. 주로 가까운 사이에 사용하며 격식적인 상황에서는 사용하지 않는다. 동사의 어간에 받침이 있으면 '-을래요?', 받침이 없거나 'ㄹ' 받침이 있으면 '-ㄹ래요?'를 쓴다. 윗사람에게는 '-(으)ㄹ래요?'를 사용하지 않으며

'-(으)시겠어요?'를 사용한다.

● 3 **N(이)나(수량)**

수량을 나타내는 명사와 결합하여 수나 양이 생각했던 정도를 넘어 크거나 많음을 나타낼 때 사용한다. 명사에 받침이 있으면 '이나', 받침이 없으면 '나'가 붙는다.

● 4 **A-다고 하다, V-ㄴ다고 하다/는다고 하다**

동사, 형용사와 결합하여 다른 사람이 서술문으로 표현한 내용을 자기의 말로 옮겨 말할 때 쓰이는 간접 인용의 표현이다. 형용사는 어간 뒤에 '-다고 하다'를 붙이고 동사의 어간에 받침이 있으면 '-는다고 하다', 받침이 없으면 '-ㄴ다고 하다'를 붙인다.

| **Unit 16** | **한국어 실력이 좋아진 것 같아요** |

● 1 **A-아지다/어지다**

형용사와 결합하여 상태의 변화를 나타낸다. 형용사 어간의 모음이 'ㅏ, ㅗ'로 끝나면 '-아지다', 그 외의 모음으로 끝나면 '-어지다'가 붙는다. 형용사가 '하다'로 끝나면 '해지다'가 붙는다.

● 2 **A/V-았을 때/었을 때**

동사, 형용사와 결합하여 과거의 어떤 일이 일어나거나 존재한 때를 나타낼 때 사용한다. 완료 상태나 현재까지 그 상태가 지속되지 않는 단절의 상황에서 쓰인다. '어리다', '살다'와 같이 일정한 기간 동안 일어난 일을 나타낼 때는 '-(으)ㄹ 때', '-았을 때/었을 때'를 모두 사용할 수 있다. 동사, 형용사 어간의 모음이 'ㅏ, ㅗ'로 끝나면 '-았을 때', 그 외의 모음으로 끝나면 '-었을 때'가 붙는다. 동사, 형용사가 '하다'로 끝나면 '했을 때'가 붙는다.

A/V-(으)ㄹ 때	A/V-았을 때/었을 때
어떤 일이 일어나고 있는 순간이나 행동, 상태가 계속되는 동안을 나타낸다.	어떤 동작이 더이상 지속되지 않고 완료된 상황을 나타낸다.
예) 집에 갈 때 친구를 만났어요.	예) 베트남으로 여행을 갔을 때 비가 많이 왔어요.

● 3 **A/V-기**

동사, 형용사와 결합하여 이 동사나 형용사를 명사형으로 바꿀 때 사용한다. '-기'가 결합된 동사나 형용사는 문장 안에서 주어, 목적어, 보어로 쓰인다. 표어나 일반 사건을 설명할 때나 속담에서도 사용하며 '크기', '말하기', '보기' 등과 같이 명사로 굳어진 것도 있다. '-기'는 '-는 것(2A 2과)'과 큰 의미 차이 없이 바꾸어 쓸 수 있는데 '-기를 바라다'와 같이 형태가 굳어져 사용되는 표현은 '-는 것'으로 바꾸어 쓸 수 없다.

● 4 **A/V-았던/었던**

동사, 형용사와 결합하여 이미 완료된 경험이나 상태를 회상하여 이야기할 때 사용한다. 과거의 사실이 현재와는 단절된 것임을 나타낼 때 쓰며 과거의 시간을 나타내는 표현과 함께 사용한다. 동사, 형용사 어간의 모음이 'ㅏ, ㅗ'로 끝나면 '-았던', 그 외의 모음으로 끝나면 '-었던'이 붙는다. 동사, 형용사가 '하다'로 끝나면 '했던'이 붙는다.

ㅈ

ㅊ

ㅋ

A

	기본형	형용사 동사	-아/어요	-았/었어요	-(으)ㄹ 거예요	-아/어서	-(으)니까
'一' 탈락	고프다	형	고파요	고팠어요	고플 거예요	고파서	고프니까
	기쁘다	형	기뻐요	기뻤어요	기쁠 거예요	기뻐서	기쁘니까
	끄다	동	꺼요	껐어요	끌 거예요	꺼서	끄니까
	나쁘다	형	나빠요	나빴어요	나쁠 거예요	나빠서	나쁘니까
	바쁘다	형	바빠요	바빴어요	바쁠 거예요	바빠서	바쁘니까
	슬프다	형	슬퍼요	슬펐어요	슬플 거예요	슬퍼서	슬프니까
	쓰다	동	써요	썼어요	쓸 거예요	써서	쓰니까
	아프다	형	아파요	아팠어요	아플 거예요	아파서	아프니까
	예쁘다	형	예뻐요	예뻤어요	예쁠 거예요	예뻐서	예쁘니까
	크다	형	커요	컸어요	클 거예요	커서	크니까
'ㄹ' 탈락	걸다	동	걸어요	걸었어요	걸 거예요	걸어서	거니까
	길다	형	길어요	길었어요	길 거예요	길어서	기니까
	놀다	동	놀아요	놀았어요	놀 거예요	놀아서	노니까
	늘다	동	늘어요	늘었어요	늘 거예요	늘어서	느니까
	달다	형	달아요	달았어요	달 거예요	달아서	다니까
	들다	동	들어요	들었어요	들 거예요	들어서	드니까
	떠들다	동	떠들어요	떠들었어요	떠들 거예요	떠들어서	떠드니까
	만들다	동	만들어요	만들었어요	만들 거예요	만들어서	만드니까
	멀다	형	멀어요	멀었어요	멀 거예요	멀어서	머니까
	벌다	동	벌어요	벌었어요	벌 거예요	벌어서	버니까
	불다	동	불어요	불었어요	불 거예요	불어서	부니까
	살다	동	살아요	살았어요	살 거예요	살아서	사니까
	썰다	동	썰어요	썰었어요	썰 거예요	썰어서	써니까
	알다	동	알아요	알았어요	알 거예요	알아서	아니까
	울다	동	울어요	울었어요	울 거예요	울어서	우니까
	졸다	동	졸아요	졸았어요	졸 거예요	졸아서	조니까
	팔다	동	팔아요	팔았어요	팔 거예요	팔아서	파니까
	풀다	동	풀어요	풀었어요	풀 거예요	풀어서	푸니까
	힘들다	형	힘들어요	힘들었어요	힘들 거예요	힘들어서	힘드니까
'르' 불규칙	게으르다	형	게을러요	게을렀어요	게으를 거예요	게을러서	게으르니까
	고르다	동	골라요	골랐어요	고를 거예요	골라서	고르니까
	누르다	동	눌러요	눌렀어요	누를 거예요	눌러서	누르니까
	다르다	형	달라요	달랐어요	다를 거예요	달라서	다르니까
	마르다	형	말라요	말랐어요	마를 거예요	말라서	마르니까
	모르다	동	몰라요	몰랐어요	모를 거예요	몰라서	모르니까
	바르다	동	발라요	발랐어요	바를 거예요	발라서	바르니까
	빠르다	형	빨라요	빨랐어요	빠를 거예요	빨라서	빠르니까
	부르다	동	불러요	불렀어요	부를 거예요	불러서	부르니까
	서두르다	동	서둘러요	서둘렀어요	서두를 거예요	서둘러서	서두르니까
	오르다	동	올라요	올랐어요	오를 거예요	올라서	오르니까
	자르다	동	잘라요	잘랐어요	자를 거예요	잘라서	자르니까
	지르다	동	질러요	질렀어요	지를 거예요	질러서	지르니까
'ㄷ' 불규칙	걷다	동	걸어요	걸었어요	걸을 거예요	걸어서	걸으니까
	듣다	동	들어요	들었어요	들을 거예요	들어서	들으니까
	묻다	동	물어요	물었어요	물을 거예요	물어서	물으니까
	닫다(규칙)	동	닫아요	닫았어요	닫을 거예요	닫아서	닫으니까
	믿다(규칙)	동	믿어요	믿었어요	믿을 거예요	믿어서	믿으니까
	받다(규칙)	동	받아요	받았어요	받을 거예요	받아서	받으니까

-는/(으)ㄴ (현재)	-(으)ㄴ (과거)	-(으)ㄹ (미래)	-(으)면	-(으)세요 (높임)	-고	-습/ㅂ니다
고픈			고프면	고프세요	고프고	고픕니다
기쁜			기쁘면	기쁘세요	기쁘고	기쁩니다
끄는	끈	끌	끄면	끄세요	끄고	끕니다
나쁜			나쁘면	나쁘세요	나쁘고	나쁩니다
바쁜			바쁘면	바쁘세요	바쁘고	바쁩니다
슬픈			슬프면	슬프세요	슬프고	슬픕니다
쓰는	쓴	쓸	쓰면	쓰세요	쓰고	씁니다
아픈			아프면	아프세요	아프고	아픕니다
예쁜			예쁘면	예쁘세요	예쁘고	예쁩니다
큰			크면	크세요	크고	큽니다
거는	건	걸	걸면	거세요	걸고	겁니다
긴			길면	기세요	길고	깁니다
노는	논	놀	놀면	노세요	놀고	놉니다
느는	는	늘	늘면	느세요	늘고	늡니다
단			달면	다세요	달고	답니다
드는	든	들	들면	드세요	들고	듭니다
떠드는	떠든	떠들	떠들면	떠드세요	떠들고	떠듭니다
만드는	만든	만들	만들면	만드세요	만들고	만듭니다
먼			멀면	머세요	멀고	멉니다
버는	번	벌	벌면	버세요	벌고	법니다
부는	분	불	불면	부세요	불고	붑니다
사는	산	살	살면	사세요	살고	삽니다
써는	썬	썰	썰면	써세요	썰고	썹니다
아는	안	알	알면	아세요	알고	압니다
우는	운	울	울면	우세요	울고	웁니다
조는	존	졸	졸면	조세요	졸고	좁니다
파는	판	팔	팔면	파세요	팔고	팝니다
푸는	푼	풀	풀면	푸세요	풀고	풉니다
힘든			힘들면	힘드세요	힘들고	힘듭니다
게으른			게으르면	게으르세요	게으르고	게으릅니다
고르는	고른	고를	고르면	고르세요	고르고	고릅니다
누르는	누른	누를	누르면	누르세요	누르고	누릅니다
다른			다르면	다르세요	다르고	다릅니다
마른			마르면	마르세요	마르고	마릅니다
모르는	모른	모를	모르면	모르세요	모르고	모릅니다
바르는	바른	바를	바르면	바르세요	바르고	바릅니다
빠른			빠르면	빠르세요	빠르고	빠릅니다
부르는	부른	부를	부르면	부르세요	부르고	부릅니다
서두르는	서두른	서두를	서두르면	서두르세요	서두르고	서두릅니다
오르는	오른	오를	오르면	오르세요	오르고	오릅니다
자르는	자른	자를	자르면	자르세요	자르고	자릅니다
지르는	지른	지를	지르면	지르세요	지르고	지릅니다
걷는	걸은	걸을	걸으면	걸으세요	걷고	걷습니다
듣는	들은	들을	들으면	들으세요	듣고	듣습니다
묻는	물은	물을	물으면	물으세요	묻고	묻습니다
닫는	닫은	닫을	닫으면	닫으세요	닫고	닫습니다
믿는	믿은	믿을	믿으면	믿으세요	믿고	믿습니다
받는	받은	받을	받으면	받으세요	받고	받습니다

	기본형	형용사 동사	-아/어요	-았/었어요	-(으)ㄹ 거예요	-아/어서	-(으)니까
'ㅂ' 불규칙	가볍다	형	가벼워요	가벼웠어요	가벼울 거예요	가벼워서	가벼우니까
	가깝다	형	가까워요	가까웠어요	가까울 거예요	가까워서	가까우니까
	곱다	형	고와요	고왔어요	고울 거예요	고와서	고우니까
	굽다	동	구워요	구웠어요	구울 거예요	구워서	구우니까
	귀엽다	형	귀여워요	귀여웠어요	귀여울 거예요	귀여워서	귀여우니까
	그립다	형	그리워요	그리웠어요	그리울 거예요	그리워서	그리우니까
	눕다	동	누워요	누웠어요	누울 거예요	누워서	누우니까
	더럽다	형	더러워요	더러웠어요	더러울 거예요	더러워서	더러우니까
	덥다	형	더워요	더웠어요	더울 거예요	더워서	더우니까
	돕다	동	도와요	도왔어요	도울 거예요	도와서	도우니까
	두껍다	형	두꺼워요	두꺼웠어요	두꺼울 거예요	두꺼워서	두꺼우니까
	뜨겁다	형	뜨거워요	뜨거웠어요	뜨거울 거예요	뜨거워서	뜨거우니까
	맵다	형	매워요	매웠어요	매울 거예요	매워서	매우니까
	무겁다	형	무거워요	무거웠어요	무거울 거예요	무거워서	무거우니까
	무섭다	형	무서워요	무서웠어요	무서울 거예요	무서워서	무서우니까
	부럽다	형	부러워요	부러웠어요	부러울 거예요	부러워서	부러우니까
	쉽다	형	쉬워요	쉬웠어요	쉬울 거예요	쉬워서	쉬우니까
	시끄럽다	형	시끄러워요	시끄러웠어요	시끄러울 거예요	시끄러워서	시끄러우니까
	아름답다	형	아름다워요	아름다웠어요	아름다울 거예요	아름다워서	아름다우니까
	아쉽다	형	아쉬워요	아쉬웠어요	아쉬울 거예요	아쉬워서	아쉬우니까
	어렵다	형	어려워요	어려웠어요	어려울 거예요	어려워서	어려우니까
	외롭다	형	외로워요	외로웠어요	외로울 거예요	외로워서	외로우니까
	즐겁다	형	즐거워요	즐거웠어요	즐거울 거예요	즐거워서	즐거우니까
	차갑다	형	차가워요	차가웠어요	차가울 거예요	차가워서	차가우니까
	춥다	형	추워요	추웠어요	추울 거예요	추워서	추우니까
	뽑다(규칙)	동	뽑아요	뽑았어요	뽑을 거예요	뽑아서	뽑으니까
	씹다(규칙)	동	씹어요	씹었어요	씹을 거예요	씹어서	씹으니까
	입다(규칙)	동	입어요	입었어요	입을 거예요	입어서	입으니까
	잡다(규칙)	동	잡아요	잡았어요	잡을 거예요	잡아서	잡으니까
	좁다(규칙)	형	좁아요	좁았어요	좁을 거예요	좁아서	좁으니까
'ㅅ' 불규칙	굿다	동	그어요	그었어요	그을 거예요	그어서	그으니까
	낫다	동	나아요	나았어요	나을 거예요	나아서	나으니까
	붓다	동	부어요	부었어요	부을 거예요	부어서	부으니까
	젓다	동	저어요	저었어요	저을 거예요	저어서	저으니까
	짓다	동	지어요	지었어요	지을 거예요	지어서	지으니까
	벗다(규칙)	동	벗어요	벗었어요	벗을 거예요	벗어서	벗으니까
	씻다(규칙)	동	씻어요	씻었어요	씻을 거예요	씻어서	씻으니까
	웃다(규칙)	동	웃어요	웃었어요	웃을 거예요	웃어서	웃으니까
'ㅎ' 불규칙	그렇다	형	그래요	그랬어요	그럴 거예요	그래서	그러니까
	까맣다	형	까매요	까맸어요	까말 거예요	까매서	까마니까
	노랗다	형	노래요	노랬어요	노랄 거예요	노래서	노라니까
	빨갛다	형	빨개요	빨갰어요	빨갈 거예요	빨개서	빨가니까
	어떻다	형	어때요	어땠어요	어떨 거예요	어때서	어떠니까
	이렇다	형	이래요	이랬어요	이럴 거예요	이래서	이러니까
	저렇다	형	저래요	저랬어요	저럴 거예요	저래서	저러니까
	파랗다	형	파래요	파랬어요	파랄 거예요	파래서	파라니까
	하얗다	형	하얘요	하얬어요	하얄 거예요	하얘서	하야니까
	좋다(규칙)	형	좋아요	좋았어요	좋을 거예요	좋아서	좋으니까
	넣다(규칙)	동	넣어요	넣었어요	넣을 거예요	넣어서	넣으니까

-는/(으)ㄴ (현재)	-(으)ㄴ (과거)	-(으)ㄹ (미래)	-(으)면	-(으)세요 (높임)	-고	-습/ㅂ니다
가벼운			가벼우면	가벼우세요	가볍고	가볍습니다
가까운			가까우면	가까우세요	가깝고	가깝습니다
고운			고우면	고우세요	곱고	곱습니다
굽는	구운	구울	구우면	구우세요	굽고	굽습니다
귀여운			귀여우면	귀여우세요	귀엽고	귀엽습니다
그리운			그리우면	그리우세요	그립고	그립습니다
눕는	누운	누울	누우면	누우세요	눕고	눕습니다
더러운			더러우면	더러우세요	더럽고	더럽습니다
더운			더우면	더우세요	덥고	덥습니다
돕는	도운	도울	도우면	도우세요	돕고	돕습니다
두꺼운			두꺼우면	두꺼우세요	두껍고	두껍습니다
뜨거운			뜨거우면	뜨거우세요	뜨겁고	뜨겁습니다
매운			매우면	매우세요	맵고	맵습니다
무거운			무거우면	무거우세요	무겁고	무겁습니다
무서운			무서우면	무서우세요	무섭고	무섭습니다
부러운			부러우면	부러우세요	부럽고	부럽습니다
쉬운			쉬우면	쉬우세요	쉽고	쉽습니다
시끄러운			시끄러우면	시끄러우세요	시끄럽고	시끄럽습니다
아름다운			아름다우면	아름다우세요	아름답고	아름답습니다
아쉬운			아쉬우면	아쉬우세요	아쉽고	아쉽습니다
어려운			어려우면	어려우세요	어렵고	어렵습니다
외로운			외로우면	외로우세요	외롭고	외롭습니다
즐거운			즐거우면	즐거우세요	즐겁고	즐겁습니다
차가운			차가우면	차가우세요	차갑고	차갑습니다
추운			추우면	추우세요	춥고	춥습니다
뽑는	뽑은	뽑을	뽑으면	뽑으세요	뽑고	뽑습니다
씹는	씹은	씹을	씹으면	씹으세요	씹고	씹습니다
입는	입은	입을	입으면	입으세요	입고	입습니다
잡는	잡은	잡을	잡으면	잡으세요	잡고	잡습니다
좁은			좁으면	좁으세요	좁고	좁습니다
긋는	그은	그을	그으면	그으세요	긋고	긋습니다
낫는	나은	나을	나으면	나으세요	낫고	낫습니다
붓는	부은	부을	부으면	부으세요	붓고	붓습니다
젓는	저은	저을	저으면	저으세요	젓고	젓습니다
짓는	지은	지을	지으면	지으세요	짓고	짓습니다
벗는	벗은	벗을	벗으면	벗으세요	벗고	벗습니다
씻는	씻은	씻을	씻으면	씻으세요	씻고	씻습니다
웃는	웃은	웃을	웃으면	웃으세요	웃고	웃습니다
그런			그러면	그러세요	그렇고	그렇습니다
까만			까마면	까마세요	까맣고	까맣습니다
노란			노라면	노라세요	노랗고	노랗습니다
빨간			빨가면	빨가세요	빨갛고	빨갛습니다
어떤			어떠면	어떠세요	어떻고	어떻습니다
이런			이러면	이러세요	이렇고	이렇습니다
저런			저러면	저러세요	저렇고	저렇습니다
파란			파라면	파라세요	파랗고	파랗습니다
하얀			하야면	하야세요	하얗고	하얗습니다
좋은			좋으면	좋으세요	좋고	좋습니다
넣는	넣은	넣을	넣으면	넣으세요	넣고	넣습니다

MEMO

SEOULTECH 한국어 2B

초판 인쇄	2022년 3월 25일
초판 발행	2022년 3월 31일
기획	서울과학기술대학교 국제교류처
지은이	서울과학기술대학교 국제교류처 교재 집필진(이용숙, 여순민, 한주경, 박영미)
홈페이지	klc.seoultech.ac.kr
주소	서울시 노원구 공릉로 232 서울과학기술대학교 국제관
전화	02)970-9219, 9220 ~ 9223
펴낸곳	한글파크
펴낸이	엄태상
책임편집	권이준, 양승주, 김아영
디자인	공소라
조판	디자인보스코
콘텐츠제작	김선웅, 김현이
홈페이지	www.sisabooks.com
주소	서울시 종로구 자하문로 300 시사빌딩
주문 및 교재문의	1588-1582
팩스	0502-989-9592
이메일	book_korean@sisadream.com
등록일자	2000년 8월 17일
등록번호	제1-2718호

ISBN 979-11-6734-023-8 (13710)